Paul Johannes Müller   Gotteslob und Königsruhm

Paul Johannes Müller

Gotteslob und Königsruhm

Die faszinierende Bilderwelt der jugoslawischen Fresken

Mit 79 Farbbildern
Aufnahmen: Dr. Miodrag Djordjević

HERDER · FREIBURG · BASEL · WIEN

Gestaltung: Gane Aleksić

Herstellung: Gorenjski tisk, Kranj
ISBN 3-451-20751-6

Die Serben und ihr Land

Nach der Beschreibung des byzantinischen Kaisers Konstantin VII. aus dem Jahr 953 liegt das Land der Serben südlich der Wasserscheide zwischen Adria und Donau, im Süden begrenzt durch die Quellen des Lim, im Osten durch den Fluß Raška und im Nordosten durch das Gebiet der Awaren, die Sirmium beherrschten. Es war demnach das Gebiet des Lim, der oberen Drina samt der Piva und Tara, das Land des Ibar und der Oberlauf der westlichen Morava.

Die geographisch gut geschützte Lage war von großem Vorteil für die Bewohner, und ihr steter Widerstand gegen die vordringenden Bulgaren machte sie zu einem willkommenen Bundesgenossen der Byzantiner, die zu jener Zeit den Machtzuwachs der Serben mit Wohlwollen betrachteten.

Dieses Land Serbien war noch kein Staat; es wurde von Stämmen bewohnt, an deren Spitze Fürstenfamilien die Macht vererbten, hervorgegangen aus den Županen, den Oberhäuptern der Gaue. Eine Župa war hauptsächlich durch die geographische Gliederung eines Gebietes bestimmt: ein Tal, ein Flußlauf, ein überschaubares, dem Gemeinwohl seiner Einwohner dienendes Gebiet, so natürlich entstanden, wie ein Wald wächst oder ein Gewässer sich seine Bahn durch das Erdreich sucht. Bauern, Hirten und Sklaven (diese waren Reste der Urbevölkerung oder die Opfer zahlreicher Kriegs- und Raubzüge) — so wird das Volk in alten Chroniken beschrieben.

Über die Christianisierung der Serben ist nicht allzuviel bekannt, doch darf man davon ausgehen, daß sie in der Mitte des 7. Jahrhunderts begann und nur langsame Fortschritte machte. Die lateinischen und griechischen Gebets- und Kirchenbücher waren dem Volk unverständlich, erst ihre Übersetzung und der Gottesdienst in slavischer Sprache ließen das Volk die Texte des neuen Glaubens begreifen. Es waren lateinische Kleriker, welche die Serben bekehrten, denn in Byzanz war man mehr mit dem Bilderstreit als der Absicht beschäftigt, aus Heiden Christen zu machen. Die bischöfliche Kirche Peter und Paul in Ras oder das große Petruskloster am Lim zeugen ebenso wie die vielen Darstellungen von Petrus und Paulus von jenem Wirken der lateinischen Kirche in Serbien.

Schutzpatron des Landes wurde der heilige Stefan, dessen Namen die meisten serbischen Herrscher des 12. bis 15. Jahrhunderts führten. Bis auf die Zeit der Christianisierung geht übrigens auch der noch heute lebendige Brauch der „Slava" zurück, der Feier des Familienheiligen, der mit dem Namen der Familie nichts zu tun haben muß.

Daß die Christianisierung die Serben zu einem weniger kriegerischen Volk und zu botmäßigeren Untertanen ihrer Fürsten gemacht hätte, kann man kaum behaupten. Doch jene, die das neue Glaubensdogma verbreiteten, waren Kinder einer Kultur, die mit der schöpferischen Kraft und Phantasie der Serben eine glückliche Verbindung einging. Wäre all das, was von West und Ost an vielfältigen Kulturgütern in das Land strömte, nicht auf fruchtbaren Boden gefallen, so hätte sich auch das grandiose Szenarium der Freskenmalerei in den folgenden Jahrhunderten als Schauspiel vor leeren Bänken dargeboten. Denn sehr eng verbunden waren der Kunstsinn der Fürsten und das ganz natürliche Kunstverständnis des Volkes, weshalb die Betrachtung der Kunstwerke mit einem Blick auf dieses Volk und seine Geschichte verbunden sein muß. Wenn sie mit den Fresken von Nerezi bei Skopje und den Kirchen Sveta Sophia und Sveti Kliment in Ohrid beginnt, die gar nicht auf serbischem Gebiet liegen, so stehen diese stellvertretend für die Metropole des byzantinischen Imperiums.

Byzanz und Makedonien

Als Byzanz im 11. Jahrhundert Makedonien unter seine Herrschaft gebracht hatte, war Skopje zwar das politische Zentrum, das kirchliche und kulturelle aber Ohrid, weit mehr als eine Bischofsstadt (ursprünglich sogar Sitz des Patriarchen einer autokephalen orthodoxen Kirche) einer byzantinischen Provinz. Die Ausstrahlung Ohrids nach Norden war einer der Faktoren, die Serbien in seiner frühen Entstehungsphase nachhaltig beeinflußten, nicht zuletzt, weil sich damals auch der Machtbereich des Erzbischofs von Ohrid in serbisches Territorium hinein erstreckte. So bilden, als noch erhaltene Beispiele, die Wandmalereien von Ohrid und Nerezi den Auftakt zu dem, was später in Serbien entstand.

Sveta Sophia

Inmitten der vielen kleinen Kirchen Ohrids dominiert die Kathedrale der Sveta Sophia, der „göttlichen Weisheit". Im 10. Jahrhundert erbaut, wurde sie im ersten Viertel des 11. Jahrhunderts zur Zeit des Erzbischofs Leon erneuert und ausgemalt. Kaum mehr als die Hälfte der Fresken aus jener Zeit sind erhalten. Das Hauptthema der Bilder ist die Eucharistie, einmal in der Komposition der Apostel-Kommunion in der Apsis, zum zweiten in der Messe des heiligen Basilios (Seite 22) an der Nordwand des Schiffes. Die strengen Figuren, in Gelb- und Ocker-Tönen, vor dem Blau des Hintergrundes auf dem grünen Boden stehend, ohne Zierat und Beigaben, konzentrieren die Aufmerksamkeit des Betrachters auf das Thema des Meßopfers. Zugleich weisen sie auf jenes Problem hin, das, wenn auch nicht ausschlaggebend, doch im Zusammenhang mit dem Schisma, der Spaltung der Kirche in eine lateinische und eine orthodoxe, heiß diskutiert wurde: ob nämlich die Eucharistie mit gesäuertem oder ungesäuertem Brot zu feiern war, ersteres von den Orthodoxen vertreten und hier in aller Form dargestellt, denn sowohl Christus in der Apostel-Kommunion wie Basilios halten einen großen, ungebrochenen Brotlaib in Händen.

Eine poetische, fast lyrische Stimmung, ganz im Gegensatz zur strengen Note der übrigen Fresken, erscheint im Jakobstraum von der Himmelsleiter, einer Szene, die in seltsam verschobenem Größenverhältnis einen schlafenden Jüngling zeigt, in dessen Traumgebilden sich jugendliche, fast kindliche Engel bewegen (Seite 23). In großer Vielfalt und Schönheit finden wir Engeldarstellungen in den Wandbildern der Sophien-Kirche, zu den schönsten Figuren zählt der Engel aus der Himmelfahrt Christi (Seite 25).

Sveti Kliment

1295 wurde die der Gottesmutter Peribleptos („die Angesehene") geweihte Kirche erbaut, eine Stiftung des byzantinischen Feldherrn Progon Sguros, der mit einer Tochter des byzantinischen Kaisers Andronikos

Palaiologos verheiratet war. Nach der Eroberung Ohrids durch die Türken gegen Ende des 14. Jahrhunderts verwandelten diese die Sveta Sophia-Kathedrale und die Panteleimon-Kirche in Moscheen, weshalb die Gebeine des heiligen Kliment in die Peribleptoskirche überführt wurden, für die sich nach und nach der Name „Sveti Kliment" einbürgerte. (Heute beherbergt sie die weltberühmte Ikonensammlung, die kostbarsten Stücke makedonischer Ikonenmalerei des 11. bis 14. Jahrhunderts).

Kliment (Seite 29) war um 886 nach Ohrid gekommen und hatte, als Schüler von Kyrillos und Methodos, den Schöpfern des slavischen Alphabets, eine Periode vielfältiger literarischer Tätigkeiten eingeleitet. Er führte den Gottesdienst in slavischer Sprache ein, ließ kirchliche Texte ins Slavische übersetzen und war ein Lehrer von überragender Bedeutung. Als Schutzpatron Ohrids fehlt in keiner makedonischen Kirche sein Bild an einem hervorragenden Platz.

Nerezi

Am Osthang des Vodno-Gebirges, in unmittelbarer Nähe von Skopje, liegt das Dorf Gornji Nerezi, das mit der im Jahre 1164 errichteten Klosterkirche ein Kleinod besonderer Art birgt.

Diese Kirche wurde von Prinz Alexios Angellos errichtet, der selbst zwar kein bedeutender Mann, dessen Mutter aber eine Tochter des byzantinischen Kaisers war. In jener Zeit entwickelte sich in Makedonien ein Feudalsystem, das die Adligen selbstbewußter werden ließ, was sich nicht zuletzt auch in Kirchen- und Klosterstiftungen zeigte, worin man byzantinischem Brauch folgen wollte. Daß Alexios Angellos aber einen so erstklassigen Künstler aus der Metropole für die Ausmalung dieser in ihren Maßen doch recht bescheidenen Kirche verpflichten konnte, darf man wohl als einen besonderen Glücksfall und sicherlich als Beweis seiner vielfältigen Beziehungen zum Hof in Byzanz betrachten.

Von außen ähnelt diese traditionelle Fünf-Kuppel-Kirche mit eingeschriebenem Kreuz, aus Naturstein und Ziegel errichtet, vielen anderen. Durch eines der in Makedonien bis heute häufigen Erdbeben

Heiliger
Panteleimon

Kloster Nerezi, 1164

wurde sie im 16. Jahrhundert teilweise zerstört, die Zentral-Kuppel und oberen Mauerteile stürzten ein, doch alles wurde sehr bald wieder aufgebaut und von neuem bemalt. Eine weitere Bemalung fand dann im 19. Jahrhundert statt und diese Schichten haben die ursprünglichen Fresken, soweit sie nach dem Erdbeben noch erhalten waren, in hervorragender Weise geschützt. Sie wurden von Nikolai Okunjev 1926 entdeckt und zwischen 1955 und 1960 restauriert. Das bedeutendste erhaltene Denkmal byzantinischer Hofmalerei des 12. Jahrhunderts war gefunden.

Der Aufbau der Fresken folgt durchaus dem üblichen Schema, doch der Maler von Nerezi entwickelte eine bis dahin unbekannte Ausdruckskraft, der er selbst die überkommenen Vorstellungen von der Schönheit eines Bildes zu opfern bereit war.

Das Fresko des heiligen Panteleimon, dem diese Kirche geweiht ist, entspricht noch sehr dem Ideal eines vollendet schönen Jünglings mit leicht femininen und melancholischen Zügen, und auch andere Einzelfiguren lassen kaum vermuten, zu welcher Kraft dramatischer Gestaltung der Maler in den größeren Kompositionen gelangt. Die hervorragendste ist die Beweinung Christi (Seite 11—13). Man mag die kluge und harmonische geometrische Aufteilung des Bildes bewundern, in dem der liegende Christus die Basis bildet, auf der sich halbkreisförmig die anderen Figuren aufbauen. Das kräftige Kolorit mit starken Kontrasten von Ocker und Blau und die fast durchsichtigen Grautöne scheinen diese äußere Harmonie zu verstärken. Doch sie wird sogleich gesprengt durch die Urkraft des Schmerzes, mit der uns der Maler sehr direkt konfrontiert und uns in das Leid der Mutter über den toten Sohn einbezieht. Aber dieses Leid bricht nicht in lautes Wehklagen aus, was den Betrachter befreien und aus seiner Betroffenheit entlassen könnte, nein, er wird gezwungen, die Tiefe der Verzweiflung der Mutter zu teilen. Ihre ganze Haltung scheint das Verlangen auszudrücken, den Sohn in den Schutz ihres Schoßes zurückzuholen, aus dem er einst geboren wurde. Von tiefer Resignation spricht das Antlitz Christi, aus nur halbgeschlossenen Augen scheint er auf alles zurückzublicken, was er getragen und erduldet hat. Keinen Sieg, keinen befreienden Tod, nur Mühsal und Schmerzen können wir aus diesem Gesicht lesen.

Beweinung Christi
Ausschnitt

Kloster Nerezi, 1164

Beweinung Christi *Kloster Nerezi, 1164*

Heilige Anna

Kloster Nerezi, 1164

Moses

Kloster Nerezi, 1164

Ein Staat entsteht

Küsten, Flüsse und große Handelsstraßen haben immer zu politischen Formationen geführt. Drei große Straßen waren es, die das Gebiet der Serben durchzogen: eine von Ragusa durch die Herzegovina zur Drina, eine andere von Cattaro nach Nikšić, mühsam und beschwerlich nur mit Saumtieren zu bewältigen. Die dritte aber, die von Skutari durch das Tal der Zeta und weiter bis zur Drina führte, war am leichtesten passierbar. Dort, nach dem Fluß benannt, entstand das Staatsgebiet der „Zeta". Ziemlich genau entsprachen seine Grenzen denen der Republik Montenegro vor 1918. Im Norden und Osten schloß sich die Raška an (genannt nach der Stammburg Ras), zuerst als Staatsgebilde weniger bedeutend, weil sich die Zeta durch die wirkungsvollen Abwehrkämpfe gegen die von der Küste her angreifenden Byzantiner eine Vormachtsstellung geschaffen hatte.

Das Verhältnis zwischen Serbien und Byzanz hatte sich nämlich grundlegend geändert. Aus Byzanz, dem Freund, war in den Augen der Serben Byzanz, der Unterdrücker, geworden, die alte Freundschaft von ehedem war in Feindschaft, ja Haß umgeschlagen. Ein Adliger aus dem Gebiet der Zeta, Stefan Vojislav, war vom Hof in Konstantinopel, wo er als Geisel lebte, entflohen und proklamierte sich zum „König der Zeta". Die Raška, dem byzantinischen Zugriff weit mehr ausgeliefert, schloß sich zeitweise mit den Magyaren zusammen und hatte im 11. Jahrhundert viele Kämpfe an ihrer Grenze zu bestehen, was nicht zur Festigung des Staates beitrug. Zeta und Raška vereinigten sich erst, als sich Stefan Nemanja gegen seine Brüder durchsetzte und 1178 Groß-Župan wurde.

Zu jener Zeit war ein Krieg zwischen Venedig und Byzanz im Gang, der unter anderem dazu führte, daß Ragusa (das heutige Dubrovnik) unter venezianische Herrschaft geriet. Das Ende wechselvoller Kämpfe war schließlich ein gut formierter serbischer Staat, vielleicht weniger dank der militärischen Erfolge Nemanjas als der nachlassenden Kraft des byzantinischen Imperiums.

Als schließlich der dritte Kreuzzug unter Führung von Friedrich I. Barbarossa mit einem Heer von 100 000 Mann auf dem Marsch nach

Einzug in Jerusalem
Ausschnitt

Kloster Nerezi, 1164

Byzanz die Stadt Niš erreichte, erschienen dort der Groß-Župan Nemanja und sein Bruder mit großem Gefolge und brachten reiche Geschenke an Wein, Gerste, Ochsen und Schafen. Nemanja versprach Barbarossa, den Krieg gegen Byzanz mit 20 000 Mann zu unterstützen, eine Zusage, die er nicht einzulösen brauchte, da sich Friedrich I. später mit dem byzantinischen Kaiser versöhnte.

Inzwischen hatte Nemanja schon eine Reihe byzantinischer Burgen eingenommen, er besetzte Skopje, Prizren und die umliegende Landschaft. Doch als der byzantinische Kaiser Isaak 1190 mit einem Heer an die Morava gezogen kam, wurden die Serben geschlagen, der Groß-Župan schloß Frieden mit den Byzantinern und Nemanjas Sohn Stefan wurde mit Eudokija, der Nichte des Kaisers, verheiratet — die übliche Art, Bestand und Grenzen eines Landes zu sichern. So schien das Einvernehmen zwischen Byzanz und Serbien wieder hergestellt.

Zwischen Ost und West

Doch die Lage Serbiens zwischen zwei Machtblöcken, dem fränkischen Westen und dem byzantinischen Osten, zwei Kirchen, der lateinischen in Rom und der orthodoxen in Byzanz, blieb problematisch und verlangte politisches Kalkül und Bereitschaft zu pragmatischem Handeln — eine Forderung, die an alle späteren Machthaber gestellt war. Die Nemanjiden galten als besonders fromm, sie waren Orthodoxe, denn der größte Teil ihres Landes stand unter der Kirchenherrschaft des autokephalen Erzbistums von Ohrid. An der adriatischen Küste jedoch residierte in Antivari, dem heutigen Bar, ein römischer Bischof, dem im lateinischen Erzbistum von Ragusa im 12. Jahrhundert ein Rivale erwachsen war. Katholiken und Orthodoxe lebten in den serbischen Landen (nicht zuletzt, weil sie durch Gebirge und Flüsse getrennt waren) friedlich nebeneinander. Es herrschte ein reger Austausch in Handel und Kultur und eines der sichtbaren Ergebnisse war die Verquickung westlicher und östlicher Stil-Elemente in der Architektur der ersten von den Nemanjiden gestifteten Klöster.

Opferung Isaaks
Ausschnitt

Kirche Sveta Sophia, Ohrid, 11. Jahrh.

Himmelfahrt Christi

Kirche Sveta Sophia, Ohrid, 11. Jahrh.

Folgende Seiten: Messe des heiligen Basilios

Kirche Sveta Sophia, Ohrid, 11. Jahrh.

Jakobs Traum von der Himmelsleiter

Kirche Sveta Sophia, Ohrid, 11. Jahrh.

ΚΕΟΘCΗ
ΜΩΝΟ
ΚΤΙCΑC
ΗΜΑC

In jene Zeit fällt ein Ereignis, das von großer Bedeutung für Serbien werden sollte, wenngleich es auf den ersten Blick nur ein Stück Familiengeschichte der Nemanjiden zu sein schien. Der jüngste Sohn Nemanjas, Rastko, entfernte sich unter dem Vorwand, zur Jagd zu reiten, aus seinem Elternhaus und zog mit einigen Mönchen in das Kloster Vatopedi auf dem Berg Athos, in welches er unter dem Namen Sava als Mönch eintrat. Als Stefan Nemanja im März 1196 als Groß-Župan abdankte, zog er sich in das Kloster Studenica zurück, legte das Klostergelübde ab und nannte sich hinfort Simeon. Ein Jahr später reiste er zu seinem Sohn auf den Athos, wo er mit großer Freude im Kloster Vatopedi aufgenommen wurde. Viele kostbare Gaben hatte dieses Kloster schon aus Serbien erhalten. Simeon und Sava unternahmen eine Rundreise durch die Klöster des Athos und faßten dabei den Entschluß, ein serbisches Kloster zu gründen. Das verfallene Kloster Hilandar, etwa um 980 von einem Gregorios Helandarios („Schiffer") errichtet, sollte die Heimstatt einer serbischen Mönchsgemeinschaft werden. Der byzantinische Kaiser Alexios III. bestätigte die Schenkung des verödeten Klostergrundes und bezeichnete im Chrysobull Hilandar als „Kaiserliches Kloster". Es sollte in der späteren Geschichte eine für Serbien und seine Kirche überragende Bedeutung erhalten, ja man darf es mit Recht als die Nährmutter serbischer Kultur bezeichnen.

Acht Monate lebte Nemanja noch in dem neugegründeten Kloster, bis er am 13. Februar 1199 inmitten seiner Mönche starb, „auf eine Strohmatte gebettet, mit einem Stein unter seinem Haupt".

Studenica

Sava überführte die Gebeine seines Vaters in das Kloster Studenica, denn dort stand die Kirche, die Stefan Nemanja in den neunziger Jahren des 12. Jahrhunderts als sein Mausoleum erbaut hatte. Das Kloster Studenica war mit vielen Privilegien ausgestattet worden, und diese bevorzugte Stellung blieb durch die Geschichte erhalten. Das hatte auch zur Folge, daß beim Bau der Klosterkirchen in späterer Zeit die Muttergotteskirche von Studenica als architektonisches Vorbild diente. In ihrer ursprünglichen Form (der große Exonarthex wurde erst 1230 von König

Engel

Kirche Sveta Sophia, Ohrid, 11. Jahrh.

Radoslav angebaut) war sie eine typische Kirche der Raška-Schule, mit weißem Marmor verkleidet und reich mit romanischem ornamentalem Schmuck versehen.

Als Sava hier seinen Vater zur letzten Ruhe bettete, war die Muttergotteskirche noch ohne jede Bemalung. Im Jahre 1208 begann ein griechischer Maler aus Byzanz im Auftrag Savas und seiner Brüder Stefan und Vukan, sie mit Fresken auszugestalten.

Daß die großen Kirchen von Byzanz mit ihren prachtvollen Mosaiken das Vorbild des Künstlers und seiner Auftraggeber waren, steht außer Frage, und hätte sich die komplizierte Mosaik-Technik so weit von der Metropole entfernt anwenden lassen, so fänden wir in der Muttergotteskirche von Studenica sicherlich Mosaiken als Wandbilder. Doch der Künstler kam zu einer malerischen Lösung, einem „gemalten Mosaik", das, teilweise mit Goldplättchen belegt und in einem lebhaften Kolorit gehalten, bis zu einem gewissen Grad den Eindruck eines Mosaiks entstehen läßt.

Die Maltechnik der Fresken

An dieser Stelle sollten wir einen kurzen Blick auf die Technik der Wandbilder werfen. Wie entsteht ein Fresko, und wodurch unterscheidet es sich vom Mosaik? Ikonographisch, in Bildinhalt und Komposition, folgten Mosaik und Fresko zu jener Zeit den gleichen kanonischen Vorschriften und der gleichen künstlerischen Ausdeutung. Das Mosaik, aus Tausenden kleiner „tesserae", Würfeln oder Plättchen aus farbigem Stein, Glas, Emaille oder goldüberzogenem Material zusammengesetzt, wird von den ständig wechselnden Reflexen des einfallenden Lichts „belebt". Die aus so vielen Einzelteilchen bestehende Komposition bedingt eine gewisse Stilisierung der Zeichnung, und so wirken Mosaiken bisweilen streng, ja starr — entrückt, nicht „greifbar", bis eben die Lichtreflexe das Bild „bewegen".

Diesen Einschränkungen einer Stilisierung aus technischen Gründen unterliegt der Freskenmaler nicht. Ihm öffnen sich alle Möglichkeiten des

Muttergottes mit Christus

Kirche Sveta Sophia, Ohrid, 11. Jahrh.

Ausdrucks bis hin zu den feinsten psychologisierenden Darstellungen. Die matte Oberfläche des Bildes reflektiert nicht und bleibt (abgesehen von der wechselnden Beleuchtung des ganzen Raumes) als Ganzes in sich „konstant" in der Gewichtung der Formen und Farben untereinander.

Von satten, dunklen Tönen bis zur aquarellartigen Durchsichtigkeit bleiben Fresken über viele Jahrhunderte unverändert erhalten, dank der spezifischen Technik, dem „a fresco"-Malen auf dem frischen, noch feuchten Putz als Malgrund. Mit der obersten, geglätteten Schicht des Putzes (meist nur etwa 1 cm dick), in die sie eindringt und deren Kalkbestandteile sie chemisch umwandelt, verbindet sich die Farbe unlösbar.

Das für die „a secco"-Technik und die Malerei auf Leinwand oder Holz typische Auftragen der Farbe „Schicht auf Schicht" ist beim Fresko nicht möglich, die Übermalung von Teilen, die der Künstler als verbesserungsbedürftig empfindet, scheidet also aus. Da er andererseits nur solange arbeiten kann, wie der Putz noch feucht ist, bedeutet dies in der Praxis, daß er seine Arbeit mit großer Umsicht und Präzision vorzubereiten hat. Die zügige Übertragung der Umrißzeichnung seines Entwurfes vom Karton in Originalgröße gehört ebenso dazu wie die Aufteilung in Arbeits-Abschnitte. Nur so viel Putz wird aufgetragen, wie der Maler an einem Tag bearbeiten kann (woraus sich der Begriff „Tagwerk" in der Freskomalerei ableitet). Auch bedarf es genauer Überlegung, wo das neue „Tagwerk" an das vorangegangene anschließt, ohne daß der Übergang sichtbar wird (üblich waren Kanten einer Hintergrund-Architektur, Konturen von Figuren oder Farbwechsel des Fonds). Schließlich setzt die Fresko-Technik noch in einem anderen Punkt große Erfahrung des Malers voraus, soll die Ausführung dem Entwurf auch farblich harmonisch folgen: erst nach vollständigem Austrocknen zeigen die Erdfarben (denn fast nur um solche handelt es sich) ihren endgültigen Ton. Farben, Wasser und Putz waren nicht an allen Orten gleich — auch dies war zu berücksichtigen. Da Übermalen nicht möglich ist, bleibt nur das Abschlagen des Putzes und die Wiederholung des gesamten Arbeitsvorgangs, wenn Korrekturen unumgänglich sind.

Daraus folgt im übrigen auch, daß späteres „Restaurieren" zunächst Abwaschen der im Laufe langer Zeit abgelagerten Staub-, Schmutz- und

Heiliger Kliment

Kirche Sveti Kliment, Ohrid, 1295

Christus im Ölberg

Kirche Sveti Kliment, Ohrid, 1295

IC XC

Rußschichten (Kerzenruß!) bedeutet. Nicht selten bewirkt diese Schicht Farbfilterungen (aus originärem Blau wird z. B. Grün). Erst danach stellt sich die Frage eventueller Ergänzungen, Übermalung aber darf nie zur Debatte stehen. In einigen Kirchen wurden Fresken Jahrhunderte später „a secco“ übermalt, die Komposition zwar erhalten, das Kolorit aber dem Zeitgeschmack angepaßt. Nach Ablösung dieser jüngeren Malschicht kamen die ursprünglichen Fresken bei späteren Restaurierungen gut konserviert wieder zum Vorschein. Gleiches gilt für jüngere Freskomalerei auf einer älteren Malschicht. In diesem Fall löst man den Putz vorsichtig ab, um die alten Bilder wieder zutage zu fördern.

*

Vergleicht man die Kreuzigung in der Muttergotteskirche in Studenica mit der Beweinung Christi in Nerezi, die rund fünfzig Jahre früher entstanden war, so wird eine grundsätzlich andere Auffassung deutlich. Erhabene Größe (ganz wörtlich zu verstehen) tritt nun an die Stelle intensiven Ausdrucks, nicht schmerzliches Mitempfinden, sondern gedankliches Nacherleben liegt den Wandbildern von Studenica zugrunde. Die Dramatik der Fresken von Nerezi ist einer überlegten, weisen Interpretation des biblischen Textes gewichen. Das gibt auch Raum für Symbolik: zwei Prophetenbilder sehen wir in der Kreuzigung ganz oben, und links neben der Christusfigur Ecclesia, Symbol der neuen Kirche, von einem Engel geführt, in der Hand den Kelch, mit dem sie das Blut aus Christi Seitenwunde auffängt, während ein anderer Engel rechts die sich umwendende Synagoge wegführt: Versinnbildlichung des Alten und des Neuen Testaments.

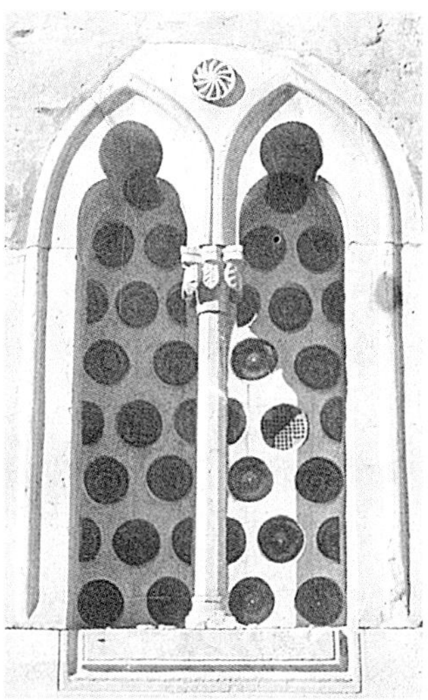

In seltsamem Gegensatz dazu steht das Fresko der „Muttergottes von Studenica“, deren Bild, wenn man nicht an romanischen Einfluß denken will, eher nach einer Frau aus dem Volk gemalt sein könnte.

Eine zweite, kleine Kirche, dem heiligen Nikolaus geweiht, wurde in der ersten Hälfte des 13. Jahrhunderts errichtet und ihr bescheidenes Äußeres läßt nicht vermuten, daß sie eine Anzahl hervorragender Fresken birgt. Die dritte Kirche des Klosters Studenica, die Königskirche, werden wir bei der Betrachtung der Regierungszeit des Königs Milutin, der sie stiftete, kennenlernen.

Die Nemanjiden

Miroslav
† 1197

(„Miroslav-Evangelistar")

(Groß-Župan)
Stefan Nemanja
1168—1196
(Studenica, Muttergottes-Kirche)

(als Mönch Simeon, auf Athos)
1197—† 1199

↓

Vukan
↓
Stefan
(Morača, 1252)

Stefan Prvovenćani
(„der Erstgekrönte")
1196—1228
1217 v. Papst gekrönt
1219 nochmalige (orthodoxe) Krönung

Rastko
(Heiliger Sava)
ab 1219 erster Erzbischof der autokephalen serbischen Kirche

↓

Stefan Radoslav
1228—1234
→
Vladislav
1234—1243
(Mileševa)
→
Stefan Uroš I.
1243—1276 (1280 †)
(Sopoćani)

↓

Stefan Dragutin
1276—1282 (1316 †)
→
Milutin Uroš II.
1282—1321 †
(Peć, Studenica Königskirche, Gračanica)

↓

Stefan Uroš III.
(Stefan Dečanski)
1321—1331
(Dečani)

↓

Stefan Uroš IV.
(Zar Dušan)
1331—1355

↓

Stefan Uroš V.
1355—1371 †

Die Kreuzfahrer stürmen Byzanz

Die Kreuzzüge, aus der Idee geboren, die heiligen Stätten der Christenheit den Händen der Ungläubigen zu entreißen und das in Palästina errichtete fränkische Königreich christlichen Glaubens zu unterstützen, waren längst zu großen Kriegs- und Raubzügen geworden, gigantischen militärischen Unternehmungen, dem Ränke- und Wechselspiel zwischen Kaisern und Päpsten mehr unterworfen als dem höheren Ruhm einer Religion dienend, deren höchste Tugenden Friede, Sanftmut und Brüderlichkeit sein sollten. Kaisern, Fürsten und hohem Adel als Anführern eines Kreuzzuges stand der Sinn nach der Eroberung neuer Länder und der Stärkung ihrer Macht, ihre Gefolgsleute lockte das große Abenteuer und die reiche Beute.

Es war der vierte Kreuzzug, der für Serbien bedeutungsvoll werden sollte. Die Kreuzritter hatten sich unter Bonifaz von Montferrat in Venedig versammelt und verhandelten über Transportmittel und Verpflegung für 4500 Ritter und ihre Pferde, 9000 Knappen oder Junker und 20 000 Mann Fußvolk. Ägypten war als Ziel ausersehen, auf dem Seeweg wollte man sich dorthin begeben. Venedig forderte 85 000 Silbermark für Unterhalt und Transport dieses Heeres, zudem die Hälfte aller Eroberungen.

Die Kreuzritter konnten diese Summe nicht aufbringen, mit der Folge, daß sie den Venezianern in vieler Hinsicht zu Gefallen sein mußten. Als kleines Vorspiel wurde die Stadt Zara erobert und ausgeplündert, ohne Rücksicht darauf, daß man dort gegen Glaubensbrüder kämpfte. Sehr bald war es auch nicht mehr Ägypten, sondern Byzanz, wohin man ziehen wollte. Mit dem Kreuzritter-Heer zog nämlich auch Alexios, der Sohn des byzantinischen Kaisers Isaak Angelos, den sein Bruder abgesetzt hatte und ins Verließ werfen ließ. Alexios versprach den Kreuzrittern, Byzanz werde die fällige Summe an Venedig bezahlen, sobald sein Vater wieder auf dem Kaiserthron säße. Als das Kreuzritter-Heer jedoch in Byzanz anlangte, erbrachte das Einsammeln von Kirchensilber und anderen Preziosen nicht die gewünschte Summe, vielmehr kam es zu einer Palastrevolution, die schließlich Alexios V. auf den Thron hob.

Am 10. April 1204 stürmten die ungeduldig gewordenen Kreuzfahrer Byzanz und was nun folgte, gehört zu den abscheulichsten Vorgängen der

Simeon Nemanja

Kloster Studenica,
Königskirche, 1234

СТЫ
СИМЕ
НЕ
МА
НИ

Geschichte. 900 Jahre lang war Byzanz die Metropole christlicher Zivilisation und Kunst gewesen, hatte eine hohe Kultur entwickelt und seine Mauern bargen Schätze von unermeßlichem Wert. Drei Tage lang wurde die Stadt zur Plünderung freigegeben, nicht zu reden von blutrünstigen Szenen und widerlichen Exzessen. Der Geschichtsschreiber Gottfried von Villehardouin schrieb, niemand habe auch nur annähernd die Menge von Gold, Silber, Geschirr und Juwelen, der golddurchwirkten Stoffe, Pelze und Hermeline schätzen können, die geraubt wurden. Dieser bewanderte Chronist berichtet, nie sei in einer einzigen Stadt derartige Beute gemacht worden, die sich nun Kreuzfahrer, Venezianer und der künftige Kaiser teilten. Soweit die Reichtümer nach Mittel- und Westeuropa verschleppt wurden, kann man sie heute in Museen und Sammlungen bewundern.

Der Kaiser wurde am 16. Mai 1204 in der Sophienkirche feierlich gekrönt. Doch er saß auf den Trümmern einer ausgeraubten Stadt, seine Machtbefugnisse waren beschränkt und drei Nachfolgestaaten, das Königreich von Thessaloniki, und die Despotate von Trapezunt und Nikeia unterwarfen sich der neuen lateinischen Herrschaft ebensowenig wie die Balkanprovinzen. Das walachisch-bulgarische Kaiserreich verbündete sich mit den Griechen und es gelang dem lateinischen Patriarchen nicht, die bulgarische Kirche unter seine Botmäßigkeit zu bringen.

Der erste serbische Staat

Die Stellung Serbiens am Rande dieses in Stücke gefallenen Imperiums war nun für den Westen interessant geworden. Stefan Prvovenćani sah in dem neuen Byzanz keinen Bundesgenossen mehr, wogegen dem römischen Papst Honorius III. die Krönung eines serbischen Königs von Vorteil schien. Daß sie dann erst 1217 vollzogen wurde, ist dem Umstand zuzuschreiben, daß der in Ungarn herrschende Vukan gegen seinen Bruder zu Felde zog, weil er selbst Anspruch auf den neuen Thron erhob. So erhielt schließlich der erste serbische König seine Krone aus den Händen eines römischen Papstes und mit ihm gekrönt wurde seine (wahrscheinlich dritte) Frau Anna, die Enkelin des venezianischen Dogen Enrico Dandolo.

Johannes der Täufer

Kloster Studenica,
Muttergotteskirche, 1209

С ТЫ ИѠА НЬ
ПРО ДРО МЪ
+ПОКАИТ
ЕСЕПРИБЛ
ИЖИБОСЕЦ
РСТВОНЕСК

Die Krönung durch den Papst und die verwandtschaftliche Verbindung zu Venedig begünstigte zwar zunächst eine Orientierung Serbiens nach Westen, Stefans Ziel jedoch war eine autokephale orthodoxe serbische Kirche, und die immer schwächer werdende Lateinerherrschaft in Byzanz ließ eine solche Lösung in greifbare Nähe rücken.

Stefan sandte seinen Bruder Sava zu Kaiser Theodor I. Laskaris nach Nikeia, an dessen Hof der Patriarch von Konstantinopel amtierte. Diesem mußte der Wunsch nach der Errichtung eines serbischen Erzbistums als Gegengewicht gegen den römischen Einfluß höchst willkommen sein. 1219 wurde Sava in Nikeia zum ersten serbischen Erzbischof geweiht, und dieser Akt war von nicht minderer Bedeutung als die Krönung Stefans. So wechselvoll die nächsten fünfzig Jahre auch verlaufen sollten, wie immer später der Einfluß von Ost und West im Wechselspiel der Geschichte sich auch gestaltete — der Nationalstaat mit Nationalkirche war geboren.

Schließlich wiederholte man die Krönung Stefans 1219, diesmal nach orthodoxem Ritus, nachdem Sava Erzbischof Serbiens geworden war. In welchem Spannungsfeld zwischen Ost und West sich dies vollzog, zeigen die späteren Berichte. 1254 schreibt der Mönch Domentian, Stefan sei mit der aus Rom gesandten Krone von Sava gekrönt worden (was zeitlich unmöglich war), und der Geschichtsschreiber Theodosije verschweigt die römische Krone überhaupt.

Die Erstürmung und Plünderung von Byzanz hatte zur Folge, daß viele Künstler die Stadt verließen, und hieraus sollte Serbien großen Nutzen ziehen. Denn während in der ausgebluteten Metropole auf viele Jahre hinaus größere Aufträge nicht zu erhoffen waren, boten sich in einem noch jungen Staat mit kunstsinnigen Fürsten, die das Bestreben hatten, der eigenen, jetzt unabhängigen Kirche prächtige Bauwerke zu errichten, vielfältige Möglichkeiten.

Stefan der Erstgekrönte starb 1228. Dem Vorbild seines Vaters folgend, ließ er sich vor seinem Tod von seinem Bruder Sava das Klostergelübde abnehmen und nannte sich Simon. Sein Sohn Radoslav wurde in Žiča gekrönt. Er war ein schwacher und unfähiger König, der 1234 abdanken mußte, um den Thron seinem Bruder Vladislav zu überlassen.

Kreuzigung

Kloster Studenica, Muttergotteskirche, 1209

IC
XC
МР ΘΥ

Muttergottes unter dem
Kreuz
Ausschnitt aus der Kreuzigung

Kloster Studenica, Muttergotteskirche, 1209

Apostel Johannes unter dem
Kreuz
Ausschnitt aus der Kreuzigung

Kloster Studenica, Muttergotteskirche, 1209

Mileševa

Die serbische Kirche bewahrt König Vladislav ein dankbares Gedenken, denn er machte ihr reiche Zuwendungen. Die Gründung des Klosters Mileševa aber hat seinen Namen durch die Jahrhunderte bis weit über seine Heimat hinaus bekannt erhalten. Er stiftete das Kloster kurz vor seiner Thronbesteigung, und dem Brauch seiner Vorgänger folgend, bestimmte er die Kirche, der Himmelfahrt Christi geweiht, zu seinem Mausoleum. Sie wurde 1228 vollendet und erlangte später große Berühmtheit als letzte Ruhestätte des Begründers der serbisch-orthodoxen Kirche und Nationalheiligen, des heiligen Sava. Er war auf der Rückreise aus Palästina am 12. Januar 1236 am Hof des bulgarischen Zaren in Trnovo gestorben, Vladislav überführte die sterblichen Überreste Savas nach Mileševa.

Heute, nach all den Stürmen, die dieses Kloster in 700 Jahren über sich ergehen lassen mußte, liegt die Kirche, mit ihrer eigentlich anspruchslosen Architektur einer Dorfkirche ähnlich, bescheiden inmitten einer zauberhaften Landschaft, die sich ihre Ursprünglichkeit bewahren konnte. Das erste Jahrhundert nach der Gründung des Klosters verlief friedlich für Mileševa. In der Regierungszeit des Zaren Dušan, als Serbien zum Kaiserreich aufstieg, spielte es eine eher untergeordnete Rolle. Seine Bedeutung wuchs aber mit dem beginnenden Verfall des Reiches nach der Schlacht an der Marica und dem Vordringen der Türken. Mehrfach niedergebrannt, ganz oder teilweise wieder aufgebaut, entspricht die heutige Form der Klosterkirche nicht mehr dem ursprünglichen Entwurf. Dies zeigt ein Blick auf das Stifterbild, jenes Fresko, in dem Vladislav das Modell der Kirche (übrigens ein markantes Beispiel der Verquickung romanischer und byzantinischer Architekturelemente) in Händen hält (Seite 64—65).

Die Fresken wurden zwischen 1230 und 1237 von drei Malern geschaffen, die ihr Werk mit Demetrios, Georgios und Theodoros signierten. Ob sie Serben oder Griechen waren, in der Mosaiktechnik ausgebildet oder nicht: die schon in Studenica angewandte Methode, „Mosaik zu malen“, wandten sie in hervorragender Weise an. Das feine Linienwerk, Mosaiksteinchen vortäuschend, erkennt man gut in der Gestalt des

Das Abendmahl

Kloster Studenica, Muttergotteskirche, 1568

berühmten „Weißen Engels“ auf dem Grab Christi (Seite 58—59). Daß die Bilder des heiligen Sava und des Königs Vladislav lebensnahe Porträts sind, bedarf keiner Erklärung. Doch das Bestreben der Darstellung blutvoller Menschen statt symbolischer Figuren zeigt sich allenthalben in diesen Kompositionen, am stärksten vielleicht in der Verkündigung, wo Maria fast wie eine Frau unserer Tage anmutet und mit dem Betrachter Zwiesprache hält (Seite 63).

Mileševas Bedeutung als kulturelles, ja politisches Zentrum stieg nach den tragischen Ereignissen des Jahres 1371, der verlorenen Schlacht an der Marica. Im 16. Jahrhundert war das Kloster wegen seiner guten Kopisten bekannt und eine Druckerei war von 1544 bis 1557 in Betrieb. Nunmehr ohne die Dotationen reicher Fürsten, hing Mileševa sehr von den Spenden der orthodoxen Bevölkerung ab; Chronisten berichten, nicht selten sei sie darin aber von den Türken übertroffen worden. Der Großwesir von Konstantinopel, Mechmed Pascha Sokolović, war ein mächtiger Beschützer des Klosters und es heißt, er habe in seiner Jugend dort die Schule besucht. Zuwendungen erhielt Mileševa auch vom russischen Zaren Ivan dem Schrecklichen, was davon zeugt, wie weit die Verbindungen der Mönche sich erstreckten.

Es war sicherlich kein kluger Schachzug der Türken, 1595 die Gebeine des heiligen Sava aus der Gruft zu holen und sie auf dem Vračarhügel bei Belgrad zu verbrennen, in der Absicht, den vielen Legenden von des Heiligen Allgegenwart und Hilfe gegen die Usurpatoren ein Ende zu setzen. Das Gegenteil war der Fall, besonders deshalb, weil von diesem Zeitpunkt an das osmanische Reich eine Niederlage nach der anderen erlitt.

Nur wenige Mönche kehrten nach dem österreichisch-türkischen Krieg in das Kloster zurück, das erst um die letzte Jahrhundertwende als bedeutendes Kulturdenkmal wieder bekannt wurde.

Morača

Prinz Stefan, ein Sohn Vukans und Enkel des Stefan Nemanja, stiftete Mitte des 13. Jahrhunderts das Kloster Morača. Seinen Namen erhielt es, wie viele andere Klöster auch (Mileševa, Studenica, Kalenić), nach dem

Muttergottes von Studenica

Kloster Studenica, Muttergotteskirche, 1209

ДЕѲ
НИ
ѴЪ
СКА
Ѣ

Fluß, an dessen Ufern es erbaut wurde, etwa 20 km südlich der montenegrinischen Stadt Kolašin. Wenig hätte die Geschichte über Prinz Stefan zu berichten, wiese sie ihn nicht als Gründer von Morača aus.

Die einschiffige Kirche im Raška-Stil wurde erst ein oder zwei Jahrzehnte nach ihrer Vollendung mit Fresken bemalt und von diesen ist nur wenig erhalten. Ihre künstlerische Qualität zählt jedoch zum Besten der serbischen Freskomalerei des 13. Jahrhunderts. Bemerkenswert sind die Fresken auch wegen eines Zyklus von 11 Kompositionen, die das Leben des Propheten Elias schildern, ein sonst in der Wandmalerei Serbiens selten und niemals so ausführlich behandeltes Thema (Seite 67). Die Muttergottes mit dem Kinde, von zwei Engeln flankiert, ein Fresko über dem Portal zwischen Narthex und Schiff, stammt aus der gleichen Zeit, etwa um 1260 (Seite 68—69).

Morača widerfuhr zu Beginn der türkischen Invasion das gleiche Schicksal wie vielen anderen Klöstern — es erlitt große Schäden und die Mönche verließen den verwüsteten und unsicheren Platz. Als später, nach 1557, mit der Wiedererrichtung des Patriarchats Peć auch die Erneuerung vieler Klosterbauten in Gang kam, wurde auch Morača von der Bevölkerung seiner Umgebung wieder instand gesetzt, und eine neue Klostergemeinschaft unter dem Abt Toma leitete eine friedvolle und künstlerisch fruchtbare Periode ein, die fast bis zum Ende des folgenden Jahrhunderts dauern sollte. In der Kirche entstand eine Reihe neuer Fresken (1578), Goldschmiede, Maler und Bildhauer waren in Morača tätig.

Im 17. und 18. Jahrhundert kamen diese Aktivitäten zum Erliegen und Morača erhielt in ganz anderem Sinn wieder neue Bedeutung, als der Befreiungskampf gegen die Türken einsetzte und das Kloster zum Symbol des Widerstandes der Montenegriner gegen die Fremdherrschaft wurde, wobei sich seine Äbte kriegerischen Ruhm erwarben. Doch seine Eingliederung in den befreiten Teil des Landes im Jahr 1820 ließ es wieder der Vergessenheit anheimfallen. Erst die jüngste Vergangenheit führte zur neuen „Entdeckung" Moračas, das bedeutende Kunstwerke, darunter wertvolle Ikonen, birgt.

Heiliger Sava

Kloster Studenica, Königskirche, 1234

Geburt der Gottesmutter

Kloster Studenica, 1314
Seite 48—49

Geburt der Gottesmutter
Ausschnitt

Kloster Studenica, Königskirche, 1314

Mädchengruppe
Ausschnitt aus der Einführung der Maria in den Tempel

Kloster Studenica, 1314

Sopoćani

Etwa 30 Jahre nach Mileševa und 15 Jahre nach Morača wurde 1264 von Uroš I., dem dritten Sohn des Stefan Prvovenćani, das Kloster Sopoćani gestiftet. Der furchtbare Sturm der Mongolen, die bis an die adriatische Küste vorstießen, hatte die Balkanländer verwüstet. Die Serben, die sich in Bergen und Wäldern verborgen hatten, kamen noch am glimpflichsten davon und das gutbefestigte Ragusa hatte den Tatarenreitern erfolgreich widerstanden. Zu diesen äußeren Ereignissen kamen innere Zwiste, welche die Alleinherrschaft Vladislavs so schwächten, daß er den Thron schließlich an seinen jüngeren Bruder abtreten mußte.

Uroš I. wird von der Geschichtsschreibung als großer, unbesieglicher König gerühmt und in der Tat scheinen seine kriegerischen Erfolge die politischen zu überwiegen. Was aber als unvergängliches Zeugnis seines Kunstsinnes bis heute erhalten blieb, ist das Kloster Sopoćani. Zwei Frauen an seinem Hof beeinflußten vielleicht auch seine politischen Entscheidungen, gewiß aber sein kulturelles Wirken: seine Mutter Anna, aus der venezianischen Dogen-Familie Dandolo und seine Frau, Königin Helena, aus dem französischen Hause Anjou. Im katholischen Glauben erzogen, dem sie innerlich treu blieb, ließ sie dennoch der serbisch-orthodoxen Kirche großzügige Hilfe und zahlreiche Stiftungen zukommen (so errichtete sie das Kloster Gradac). Ihr wacher Geist, ihre Güte, Frömmigkeit und ihr tugendhafter Lebenswandel werden von Erzbischof Danilo, ihrem Zeitgenossen, hoch gerühmt.

Die Klosterkirche von Sopoćani (Exonarthex und Turm gehören nicht zum ursprünglichen Baukörper und wurden später, wahrscheinlich in der Regierungszeit des Zaren Dušan, gegen Mitte des 14. Jahrhunderts angefügt) war umgeben von einer Anzahl kleiner Kapellen, Wohn- und Wirtschaftsgebäuden, all dies umschlossen von einer Steinmauer. Seltsamerweise fehlt es an Dokumenten, die uns genauen Aufschluß über die Errichtung der Kirche und ihre malerische Ausgestaltung geben könnten. Daß die Fresken zwischen 1264 und 1268 vollendet wurden, steht jedoch außer Zweifel.

Mehrere Maler waren in Sopoćani am Werk. Der Beste war jener, der die Fresken im Naos schuf, dessen Harmonie dem Besucher einen

Einführung der Maria in den Tempel
Ausschnitt

Kloster Studenica, Königskirche, 1314

ΜΡ ΘΥ
ΜΡ ΘΥ

unvergeßlichen Eindruck vermittelt. Goldhintergründe und „gemaltes Mosaik", wie in Studenica und Mileševa, gibt es hier nicht. Das aquarellartige Kolorit scheint die großen, heroischen Figuren schweben zu lassen, ganz im Gegensatz zur Malerei von Mileševa, wo alles „fest auf dem Boden steht".

Selbst die nur noch in Fragmenten erhaltenen Figuren wie Johannes (Seite 75), der Engel aus der Gastfreundschaft Abrahams (Seite 85) sind von suggestiver Kraft, von unmittelbarer Aussage und frei von jedem gedanklichen oder malerischen Beiwerk. Petrus sehen wir als entschlossenen, kraftvollen Bewahrer seines Amtes, das über jeder schismatischen Diskussion steht, Paulus mit den Zügen eines mit sich selbst ringenden, gequälten Philosophen (Seite 71). Die beherrschende Komposition ist das über 40 qm große Fresko auf der westlichen Mauer des Schiffes, der „Tod der Gottesmutter". Christus, ein Kind in Händen haltend, welches die Seele Mariens symbolisiert, steht mit nach hinten gebogenem und seitwärts gedrehtem Haupt in einer ergreifenden Haltung, nicht der Sieger und Weltüberwinder, sondern trauernder Menschensohn. Zwei Engel, bereit, die Seele der Gottesmutter ins Paradies zu tragen, sind eigentlich die einzigen handelnden Figuren der Szene. Die große Schar der übrigen Engel steht wie eine Kampftruppe, mit unbewegten Gesichtern, ein himmlisches Ritual schützend.

Sopoćani, in der Hierarchie der Klöster an dritter Stelle nach Studenica und Mileševa, war nie das Zentrum politischer oder künstlerischer Aktivitäten. Beim späteren Einfall der Türken in Serbien wurde es 1389 teilweise zerstört; als 1557 die Wiedererrichtung des Patriarchats von Peć eine Periode der Konservierung und Erneuerung von Kloster- und Kirchenbauten einleitete, fehlen entsprechende Nachrichten über Sopoćani.

In der zweiten Hälfte des 17. Jahrhunderts, im Krieg zwischen Österreichern und Türken, kam schließlich alles Leben im Kloster zum Erliegen und die Mönche zogen mit den Österreichern nach Norden, das Kloster als Ruine zurücklassend. Eine Fotografie aus den zwanziger Jahren unseres Jahrhunderts zeigt das trostlose Bild verfallener Gemäuer, auf denen Sträucher und kleine Bäume wachsen, ein jammervoller, hoffnungsloser Anblick. Daß sich Serbien nach dem türkischen Rückzug im 19. Jahrhundert so wenig um sein kulturelles Erbe aus dem Mittelalter kümmerte, läßt sich eigentlich nur mit der Hinwendung zur westlichen,

König Milutin

Kloster Studenica, Königskirche, 1314

vor allem französischen Kultur begründen, wie sie sich aus der politischen Konstellation jener Zeit ergab.

Es ist das Verdienst der schon mehrfach genannten Byzantologen Gabriel Millet und N. L. Okunjev, Vladimir Petković und Svetozar Radojčić, dieses hervorragende Kulturdenkmal wieder in das Bewußtsein der Öffentlichkeit gebracht zu haben. Zwischen 1926 und 1929 fand eine Restaurierung statt, die 1949 bis 1958 fortgesetzt wurde, nun mit großem Elan und dem Bestreben, die große Vergangenheit wieder in das Bewußtsein des Volkes zu bringen.

Silberbergwerke und Literatur

Mit der Regierungszeit von Uroš I. trat eine Konsolidierung Serbiens ein, das sich wirtschaftlich sehr rasch entwickelte. Der König rief deutsche Bergleute, die sogenannten „Sachsen" aus Ungarn, die den Bergbau dort wieder belebten, wo die Römer einst Kupfer und Silber gefunden hatten. Handel und Gewerbe blühten, Landwirtschaft und Viehzucht brachten gute Erträge. Beschrieben die Byzantiner Serbien als ein armes, ungemütliches, rauhes und trostloses Land, so rühmt der Franzose Guillaume Adam den Reichtum und die Schönheit des Landes, seine großen Wälder, Wiesen, Berge, Ebenen und Täler, angenehm durchströmt vom Wasser der Quellen und Flüsse, reich an Getreide, Wein, Öl und Fleisch, seine fünf Goldbergwerke und zahlreichen Silbergruben, „alles von auserwählter Art".

Es wäre aber einseitig, nur vom materiellen Reichtum des Landes und seiner Bewohner zu sprechen, denn mit diesem ging ein reges geistiges Leben einher. Begierig wurde alles, was von Westen und Osten einströmte, aufgegriffen, variiert und ausgeschmückt. Texte indischen, arabischen, griechischen und abendländischen Ursprungs, die Geschichten aus Tausendundeiner Nacht, der Helden von Troja und die Taten Alexanders des Großen, die Geschichte des Tristan und die Karlssage wurden in serbische Fassung gebracht, vorgelesen, mündlich überliefert und aufgeschrieben. Musik und Lieder sind aus dem Leben dieses Volkes nicht wegzudenken und zu jedem Ereignis wurden neue ausgedacht und gesungen, bei Hochzeiten und Begräbnissen, bei Haus-

Kaiser Konstantin und Helena

Kloster Mileševa, 13. Jahrh.

Engel auf dem Grab Christi

Kloster Mileševa, 13. Jahrh.

und Feldarbeit, beim Viehhüten und auf Reisen. Es gab ein Publikum für jede Art von Kunst: Sänger, Vorleser und Schauspieler waren für alle da, ebenso wie die Fresken in den Kirchen, und dieses Publikum — das Volk — konnte sich unbefangen in solchen Bezirken bewegen. Es war nicht die Kunst, die reichen Fürsten, feinen Leuten oder abgeklärten Ästheten vorbehalten blieb. Das Land war zu klein, die Geschichte zu jung, hier war noch eins, was sich anderswo, „von der Mode streng geteilt", längst getrennt hatte.

Im Gegensatz zu allem, was das Volk der Serben bis dahin in so fruchtbarer Weise an geistigen und materiellen Gütern erworben, gepflegt und entwickelt hatte, stehen jedoch die Unreife des politischen Handelns, der mangelnde Wille zur Gemeinsamkeit, das Unverständnis des Adels und des Volkes vom Staat als schützender Hülle eines Gemeinwesens und seiner Kultur — ein tragischer, verhängnisvoller Zug, der sich durch die ganze Geschichte Serbiens verfolgen läßt. Er zeigt sich am deutlichsten am Schicksal fast aller Könige: das Aufbegehren der Söhne gegen die Väter, die Grausamkeit der Väter bei der Unterdrückung solchen Handelns. Eins wie das andere wäre nicht möglich gewesen, hätten sich nicht im Adel leicht Parteigänger für Vater oder Sohn gefunden, die weniger an den Bestand ihres Landes als den Vorteil des Augenblickes dachten, und sie hätten sich solche Parteinahme sicherlich gründlich überlegt, wären sie sich nicht ihrerseits des Beistands ihrer Krieger und Bauern sicher gewesen. Eine moralische Pflicht, den Tyrannen zu beseitigen, gab es nicht, denn keinen der serbischen Könige könnte man als Unterdrücker seines Volkes bezeichnen.

Uroš I. wurde 1276 von seinem Sohn Dragutin entthront, der „jüngere König" verlangte die versprochene Teilung des Reiches, die der Vater verweigerte, gegen den er mit ungarischen und kumanischen Hilfstruppen zu Feld zog. Uroš I. starb wenig später, seine letzte Ruhestätte war das von ihm gestiftete Kloster Sopoćani.

Dragutins Interesse war nach Westen gerichtet und so brachte er den alten Streit seines Vaters mit Ragusa, dessen Freund er lebenslang blieb, zu einem Ende. Das Küstengebiet von Ragusa bis Skutari überließ er seiner Mutter, die von dort aus vielfältige Verbindungen nach Venedig, Frankreich und Italien pflegte. Doch sein Gewissen muß Dragutin keine Ruhe gelassen haben, sonst wäre es kaum bereits nach 6 Jahren, nämlich 1282, zu seiner teilweisen Abdankung gekommen, die ein wahrhaft mittelalterliches Schauspiel war: Als Dragutin auf einem Ritt vom Pferd

Schlafender Soldat
Ausschnitt aus dem Fresko der heiligen Frauen am Grab Christi

Kloster Mileševa, 13. Jahrh.

Muttergottes
Ausschnitt aus der Verkündigung

Kloster Mileševa, 13. Jahrh.

Heiliger Sava

Kloster Mileševa, 13. Jahrh.

König
Vladislav mit
dem Modell
des Klosters
Mileševa

Kloster Mileševa,
13. Jahrh.

König
Vladislav
Ausschnitt aus dem
Stifterbild

Kloster Mileševa,
13. Jahrh.

fiel und sich ein Bein brach, betrachtete er dies als Strafe Gottes für den Aufstand gegen seinen Vater. Er teilte die Macht fortan mit seinem Bruder Milutin (Stefan Uroš II.), doch ohne jene brüderlichen Gefühle, die ihn hätten leiten müssen.

Der heilige König

Dragutins Bruder, Milutin, den „heiligen König“, wie er später genannt wurde, beschrieben seine Zeitgenossen als schönen, freundlichen, tapferen und kriegskundigen Mann. Doch in seiner Person vereinigte er viele Züge, die nicht nur auf den ersten Blick widersprüchlich erscheinen.

Milutin war sicherlich ebenso fromm wie kunstverständig und insoweit ein typischer Nemanjide. Als „merkwürdig“ beschreibt ein Historiker den raschen Wechsel seiner Frauen, doch scheinen hier Emotion und politisches Kalkül gleichermaßen eine Rolle gespielt zu haben. Seiner ersten Frau, einer Griechin aus Thessalien, war er wohl überdrüssig, als er sie zu ihrem Vater zurückschickte. Die zweite, Elisabeth aus Ungarn, war eine Nonne und diese Eheschließung stieß auf den Widerstand der Kirche, nicht nur wegen des Klostergelöbnisses der Frau, sondern auch wegen zu naher Verwandtschaft. Auch von dieser trennte er sich und heiratete 1284 Anna, eine Tochter des bulgarischen Zaren Georg Terterij I. Dieser Heirat lagen vor allem politische Motive zugrunde, denn eine gesicherte Grenze gegen Bulgarien war für Serbien von großer Bedeutung.

Indessen begann Milutin Krieg gegen die Byzantiner und eroberte die Stadt Skopje samt den umliegenden Landschaften. Sie blieb auch in Zukunft in seinem Besitz, wie die Städte Štip und Poluk, und die Serben stießen weiter bis fast nach Ohrid vor. Später gelangen Durchbrüche zur Ägäis und Durazzo wurde eingenommen.

Nun mußte Byzanz zu einem Abkommen mit Milutin gelangen, und der byzantinische Feldherr Glavas gab Kaiser Andronikos II. den Rat, einen durch eine Heirat befestigten Friedensvertrag abzuschließen. Milutin ging auf dieses Anerbieten ein, und nachdem ein anderer Vorschlag abgelehnt

Prophet Elias

Kloster Morača, 1251/52

Muttergottes mit Engel *Kloster Morača, 1260*

ΘΥ

wurde, akzeptierte er die Ehe mit der damals 8jährigen Simonida, einer Tochter des byzantinischen Kaisers. Auch jetzt wollte die Kirche von dieser Verbindung zunächst nichts wissen, da die beiden ersten Frauen des Königs noch am Leben waren und der Altersunterschied zwischen dem König und Simonida zu groß erschien. Auch gab es eine serbische Adelspartei, die aus dem Kleinkrieg an der serbisch-byzantinischen Grenze großen Nutzen zog.

Dennoch wurde die Sache beschlossen und es kam zu jener denkwürdigen Szene am Fluß Vardar, an dessen einem Ufer die Serben standen und den Byzantinern die bisherige Königin, die Tochter des Terterij, auslieferten, während die Byzantiner Simonida mit großem Gefolge ans andere Ufer sandten. Milutin, nun Schwiegersohn des byzantinischen Kaisers (was er in Aufzeichnungen, Inschriften und Staatsakten häufig vermerken ließ), erhielt die eroberten Gebiete als Mitgift und damit war eine Lösung erreicht, die Andronikos ebenso zufriedenstellte wie Milutin.

Von viel größerer Bedeutung als dieser Gebietszuwachs war für Serbien jedoch der Einfluß byzantinischer Lebens- und Denkgewohnheiten auf Staat und Gesellschaft. Auch gehörten jetzt Kirchen und Klöster zu Serbien, die dem Erzbistum Ohrid unterstanden. An der Übung, die Liturgie in griechischer Sprache zu singen und zu lesen, änderten die Serben nichts, doch ersetzten sie nach und nach die griechischen Würdenträger der Kirche durch ihre eigenen.

In der Wandmalerei hatte sich im Laufe des 13. Jahrhunderts eine als „Palaiologen-Renaissance" bezeichnete Stiländerung vollzogen. Es blieb zwar bei den monumentalen Figuren, doch die Einzelheiten wurden stärker ausgearbeitet und auch das Kolorit erfuhr Änderungen. Die enge künstlerische Verbindung zu Byzanz und die Bedeutung der Wandmalerei Serbiens zeigen sich deutlich darin, daß der neue Stil zu gleicher Zeit in Serbien wie in der Metropole zu finden ist, mit anderen Worten: Serbien lag nicht mehr an der Peripherie des künstlerischen Geschehens.

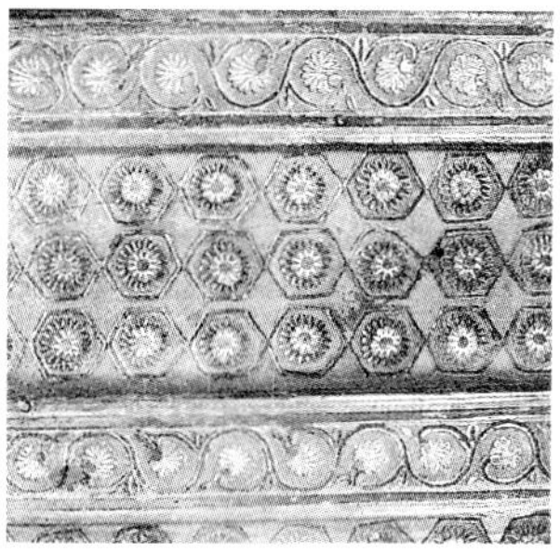

Milutin unterhielt etwa zwanzig Jahre lang eine Hofmalerwerkstatt, doch läßt sich heute nicht mehr sagen, welche Maler ihr angehörten — meist aus byzantinischem Gebiet zugewanderte Künstler, was außer Frage steht.

Apostel Paulus

Kloster Sopoćani, um 1265

Die ersten waren zur Zeit der Lateinerherrschaft aus Byzanz nach Serbien gekommen und hatten andere nachgezogen, und mehr und mehr waren auch Elemente ihrer neuen Heimat in das künstlerische Schaffen eingeflossen. Mit dem Patriarchat von Peć lernen wir eine jener Stätten kennen, wo diese Hofmalerwerkstatt über viele Jahre wirkte.

Das Patriarchat von Peć

Das Patriarchat von Peć, am Ausgang der pittoresken Rugovo-Schlucht gelegen, wo in Höhlen einst Eremiten lebten, gehört zu den bekanntesten Bauwerken Serbiens. Auch geschichtlich ist es neben Žiča und Studenica von besonderer Bedeutung. Als nämlich Žiča wegen seiner geographischen Lage am Rand des serbischen Staates zu gefährdet erschien, entschied der damalige Erzbischof Arsenije I., den Sitz nach Peć zu verlegen.

Dort, wo er in der zweiten Hälfte des 13. Jahrhunderts die Klosterbauten und die Apostelkirche errichten ließ, stand schon früher ein Kloster, über das aber nicht allzuviel bekannt ist. Arsenijes Nachfolger Nikodim schloß um 1320 an der Nordseite die dem heiligen Demetrius geweihte Kirche an und etwas später, um 1330, wurden von Danilo II. an der Südseite die Kirche der Gottesmutter Hodegetria und eine kleine Nikolaus-Kapelle erbaut. 1345 schließlich ließ Danilo für die drei Kirchen einen gemeinsamen großen Narthex und einen Turm errichten, der den Baukomplex abrundete. Was der Betrachter zunächst für eine große Kirche hält, sind also tatsächlich drei.

Die Errichtung dieser Bauten reichte bis in eine geschichtlich bedeutsame Zeit, als Dušan König von Serbien geworden war, sich später zum Zaren krönen ließ und Peć zum Sitz des Patriarchen der serbischen Kirche erhob (1346).

Weit über die Bedeutung als administratives Zentrum der serbisch-orthodoxen Kirche hinaus war das Patriarchat von Peć ein Ort, an welchem sich hervorragende Theologen, Künstler, Schriftsteller und Geschichtsschreiber versammelten und die enge Verbindung mit dem Athoskloster Hilandar weist auf die Bedeutung beider Orte hin.

Stifter-Komposition (Simeon Nemanja, Stefan Prvovenćani, König Uroš I.)

Kloster Sopoćani, 13. Jahrh.

Dem uneinheitlichen architektonischen Stil der drei Kirchen entsprechen auch die Fresken, deren Qualität unterschiedlich ist. Zu den ältesten aus der zweiten Hälfte des 13. Jahrhunderts zählt die Deesis in der Altarapside der Apostelkirche (Seite 90), und eben die Tatsache, daß sich diese Komposition dort befindet, ist ein Hinweis darauf, daß die Kirche auch als Grabstätte für Patriarchen und Bischöfe gedacht war. Die Demetrius-Kirche wurde erst zwei Jahrzehnte nach ihrer Errichtung ausgemalt. Die eindrucksvollsten Bilder sind die Gottesmutter in der Altarapside, von zwei prächtigen Engeln flankiert, die sich vor ihr neigen (Seite 89 und Seite 93). Neben den Künstlern aus Milutins Hofmalerwerkstatt waren in Peć später auch Freskenmaler tätig, die viele Jahre hindurch im nur wenige Kilometer entfernten Dečani gearbeitet hatten.

Den Satz eines mittelalterlichen Chronisten, der das Schönste in den serbischen Klöstern aufzählt und neben der Kirche von Dečani, dem Boden der Kirche in Prizren, dem Gold von Banjska und den Schriften aus Resava den Narthex des Danilo in Peć nennt, kann der heutige Betrachter nicht mehr verstehen, denn dieser Narthex wurde durch viele Aus- und Umbauten so verändert, daß er nicht mehr den erhabenen Eindruck vermittelt, wie zur Zeit seiner Errichtung. Aber auch die heutige Zeit hat dazu beigetragen, dem Patriarchat von Peć die architektonische Geschlossenheit zu nehmen. Nach einem Brand des Konaks wurden neben dem Wiederaufbau durch Veränderung und Neubauten fremde Akzente gesetzt, welche den Kirchenkomplex fast zu einem historischen Relikt werden lassen, geduldet, aber nicht mehr der optische Brennpunkt für den Betrachter.

Die Königskirche in Studenica und das Kloster Gračanica

Zwei Künstler aus Milutins Hofmalerwerkstatt, Michael und Eutychios, schufen mit den Fresken in der Königskirche von Studenica ein malerisches Juwel, dessen lyrische Harmonie und Geschlossenheit kein zweites Mal in der serbischen Wandmalerei zu finden ist.

Apostel Johannes

Kloster Sopoćani, um 1265

Der Tod der Gottesmutter *Kloster Sopoćani, um 1265*

XC

Der Tod der Gottesmutter
Ausschnitt

Kloster Sopoćani, um 1265

Der Tod der Gottesmutter
Ausschnitt

Kloster Sopoćani, um 1265

Bescheiden und klein steht die von Milutin gestiftete und 1314 vollendete Kirche neben der großen Muttergotteskirche, die das Zentrum der Klosteranlage beherrscht. Doch ist sie keineswegs die Miniaturausgabe eines erhabenen Bauwerks und seiner monumentalen Malerei. Eher könnte man sie die poetische kleine Schwester nennen, denn alle Wandbilder, deren Inhalt (neben den Kirchenfesten) das Leben der Gottesmutter schildert, atmen eine mädchenhafte Frische, eine Unbeschwertheit und Lieblichkeit der Darstellung bis hin zu vielen verspielten Details. Gerade die Mädchenfiguren sind es, die den Betrachter faszinieren, sei es die Gruppe aus der Einführung der Maria in den Tempel (Seite 51) oder in der Komposition der Geburt der Gottesmutter (Seite 48—49), wo sie mit vielen Handreichungen beim Bad des neugeborenen Kindes, der Wache an seinem Bett, der Darreichung von Speisen die Szene beleben. Das Stifterbild (Seite 55) zeigt uns Milutin mit einem für diese kleine Kirche ungewöhnlich großen Modell in Händen, es ist eines seiner ausdrucksvollsten Porträts.

Die letzte Stiftung dieses Königs ist das 1321 vollendete Kloster Gračanica, 10 Kilometer von Priština entfernt, das auf den Fundamenten der frühen Bischofskirche von Lipljan errichtet wurde. Wie ein wohlgeordnetes Gebirge mit ihren Apsiden und Kuppeln ansteigend, stellt sich die Kirche dar. Der Grundriß besteht aus zwei ineinandergestellten Kreuzen, das innere das äußere überragend. Am Ende des 14. Jahrhunderts wurde ein großer Exonarthex angefügt, der das harmonische Bild etwas aus dem Gefüge bringt, ohne es jedoch wesentlich zu stören.

Die Fresken sind ein Werk der Hofmalerwerkstatt Milutins, unter ihnen auch die beiden Maler Michael und Eutychios. Eine Vielzahl von Figuren finden wir in den Kompositionen, doch sind sie, im Vergleich zu anderen Kirchen, weniger groß. Eine breite Thematik umfaßt neben den üblichen biblischen Szenen auch die Apokryphen, liturgische Texte, das Leben des Heiligen und die malerische Ausdeutung kirchlicher Lyrik. Zu den farblich schönsten Kompositionen zählt, breit angelegt auf weißem Hintergrund — was ungewöhnlich ist, das Paradies (Seite 118—119), an dessen Pforte der Cherub wacht. Petrus nähert sich mit Heiligen, sie dorthin zu geleiten, wo die Gottesmutter thront, Engel zur Rechten und Linken, und wo Abraham die Gerechten in seinem Schoß birgt.

Muttergottes
Ausschnitt aus der Stifter-Komposition

Kloster Sopoćani, um 1265

Ein anderes Wandbild stellt die jugendliche Königin Simonida dar, über deren Haupt ein Engel mit der serbischen Königskrone schwebt (Seite 121).

Von allem Anfang an entwickelte sich in Gračanica ein vielfältiges kulturelles Leben. Die Bibliothek des Klosters war berühmt, desgleichen die Ikonen. Von Bedeutung war auch die Klosterdruckerei in der zweiten Hälfte des 16. Jahrhunderts, und ein mit Holzschnitten geschmücktes Gebetbuch zeugt von ihrem grossem Können. Große Schäden entstanden bei einem Brand im 14. Jahrhundert, doch stellte ein Wiederaufbau wenigstens die Gebäude wieder her.

Kirche und Staat

Zahllos waren die Stiftungen Milutins in Serbien und Makedonien, Saloniki, Konstantinopel, auf dem Athos, in Palästina und auf dem Sinai, und mit Recht wird er „der Stifter der Stifter" genannt.

Was war der Antrieb für sein Handeln? Alle Historiker rühmen die Frömmigkeit der Nemanjiden, doch einige argwöhnen, die Freigebigkeit gegenüber der Kirche sei nicht ohne den Hintergedanken gewesen, sich eines starken und willigen Bundesgenossen in mancherlei Schwierigkeiten zu versichern — einer bezeichnet gar die Kirche als allzeit erbötiges Werkzeug der Könige.

Milutin hat reichliche — auch materielle Hilfe — von der Kirche im Bruderkrieg, den Dragutin gegen ihn führte, empfangen, und ohne diese Unterstützung und die spätere Vermittlung hätte er sich kaum auf dem Thron behaupten können.

Die serbisch-orthodoxe Kirche war in der Tat eine der wichtigsten Stützen des noch jungen und in seiner inneren Struktur noch wenig gefestigten Staates. Seit der Zeit Savas als Erzbischof Serbiens bestand immer ein grundlegender Konsens zwischen Kirche und König, aus klaren gemeinsamen, nationalen Interessen, die manches Mal sogar von der Kirche konsequenter verfolgt wurden als vom König. Insofern

Der Unglaube des Thomas

Kloster Sopoćani, um 1265

unterschieden sich die Verhältnisse grundlegend von denen der Länder im Westen. Der geistlichen Macht des Papstes in Rom unterstanden Bischöfe und Priester in Ländern mit durchaus verschiedenen politischen Vorstellungen, und diese geistliche Macht manifestierte sich auch in höchst weltlicher Macht mit eigenen Truppen, Bündnissen, politischer und wirtschaftlicher Strategie. Die späteren jahrhundertelangen Machtkämpfe zwischen Kaisern, Königen und dem Heiligen Stuhl bis hin zur Reformation und zu einem Krieg, der große Teile Mitteleuropas in eine Wüste verwandelte, blieben einem Land mit nationaler Kirche erspart.

Ob Milutin diese staatstragende und -erhaltende Funktion der serbischen Kirche mit allen Konsequenzen erkannt hatte, darf man bezweifeln. Als nämlich im Jahre 1301 Charles von Valois mit Plänen spielte, in Konstantinopel ein neues lateinisches Kaisertum zu errichten, erschienen an seinem Hof zwei Abgesandte Milutins mit Briefen, die an „Kaiser Karl“ und den römischen Papst gerichtet waren und Verhandlungen eröffneten, die 1308 zu einem Bündnis führten, in welchem Milutin versprach, sich der römischen Kirche anzuschließen und seinen Teil zum Kriegszug gegen Byzanz beizutragen. Es war sogar schon ein geistlicher Ratgeber für den serbischen Hof in Gestalt eines Franziskanerpaters ausersehen, und alles hatte erst ein Ende, als Charles seine Plänen fallen ließ, weil er sich des notwendigen Beistands von Venedig nicht mehr sicher war.

Ein lateinischer Kaiser in Konstantinopel hätte zwar einen serbischen König mit Freuden als Bundesgenossen begrüßt, aber kein Papst in Rom der Existenz einer nationalen serbischen Kirche zustimmen können.

Doch fünfzig Jahre später war das Verhältnis von Kirche und Staat gefestigt, das berühmte Gesetzbuch des Zaren Dušan grenzt die Interessenbereiche klar ab. Im wesentlichen ist darin niedergelegt, was schon seit langem praktiziert wurde, und nicht selten wird der „heilige König“ (Milutin) zitiert, doch nie vorher waren gegenseitige Rechte und Pflichten so klar definiert worden.

Im „Dušanov Zakonik“, das auf dem Reichstag im Mai 1349 verkündet und einige Jahre später ergänzt wurde, verspricht der Zar den Schutz der

Engel
Ausschnitt aus der Gastfreundschaft Abrahams

Kloster Sopoćani, um 1265

Apostel Petrus

Kloster Sopoćani, um 1265

Johannes der Täufer

Kloster Sopoćani, um 1265

Kirchengüter und stellt den Besitz der Kirche von Lasten frei. Das Verhalten der Priester (die zur liebevollen Zuwendung gegenüber den Gläubigen verpflichtet werden), die Wahl und Funktion der Bischöfe werden vorgeschrieben und inwieweit der Zar ein Recht des Einspruchs hat. Doch nirgends wird er darüber hinaus zu Handlungen verpflichtet, die seine politische Bewegungsfreiheit eingrenzen und das Recht der Kirche, an politischen Entscheidungen mitzuwirken, hat sie nur im Rahmen des Reichstags, wo sie als gleichwertiges Mitglied neben dem Adel vertreten ist.

Vater und Sohn im Streit

Im Bruderkrieg zwischen Milutin und Dragutin hatte die Kirche Frieden gestiftet. Doch nun war es Milutins Sohn Stefan, der gegen ihn aufstand, unterstützt von den Adligen der Zeta. Es gelang dem König, ihn militärisch zu besiegen, er ließ ihn gefesselt nach Skopje bringen und blenden. Mit seiner Frau und den zwei kleinen Söhnen Dušan und Dušica wurde Stefan nach Konstantinopel verbannt, wo er mehrere Jahre im kaiserlichen Palast wohnte. Es waren Mönche aus Hilandar und der Erzbischof Nikodim, die beim König die Erlaubnis zur Rückkehr Stefans in die Heimat erwirkten. Schließlich kam es zu einer Aussöhnung zwischen Vater und Sohn.

Engel in der Altarapside

Patriarchat Peć, Demetriuskirche, um 1345

Folgende Seiten: Muttergottes
Ausschnitt aus der Deesis

Patriarchat Peć, Apostelkirche, um 1260

König Milutin

Patriarchat Peć, Apostelkirche, 1634

Christus Pantokrator

Patriarchat Peć, Apostelkirche, um 1350

IC
СПСЬ
ХС

Als Milutin unerwartet im Jahre 1321 starb, brachen große Stürme los. Es mutet fast an, als habe das unstete Leben des Königs viele Probleme hinterlassen, die alle gleichzeitig zur Lösung drängten. Es gab drei Anwärter auf den Thron, fremde Söldner zogen, einander bekämpfend, durch das Land, das sie plünderten und selbst der von Bischof Danilo geführte Leichenzug des Königs wurde auf dem Weg nach Banjska angegriffen.

Die Wirren um die Nachfolge Milutins hatten für Serbien einen großen territorialen Verlust zur Folge, denn die Bosnier stießen durch das Neretva-Tal zum Meer vor, womit das Küstengebiet von Zachlumien für immer verlorenging. Die Vorstellung, Serbien könne auch einmal in der Adria als Seemacht auftreten, war so dahin. Es mag letzten Endes jedoch von Vorteil gewesen sein, denn solche Pläne hätten die Gegnerschaft Ragusas heraufbeschworen, jener Stadt, die als Handelspartner und Tor westlicher Kultur für Serbien immer eine so bedeutungsvolle Rolle gespielt hatte.

Den Thron bestieg schließlich Stefan Uroš III., Stefan Dečanski genannt, der geblendete Sohn des Milutin, dem auf die erstaunliche Nachricht, er sei durch ein Wunder wieder sehend geworden, die Sympathie aller zuströmte. Mit ihm wurde sein Sohn Dušan als „junger König" gekrönt, eine Übung, die sich in Serbien durchgesetzt hatte.

Dečani

Stefan Dečanski begann um 1327 den Bau des Klosters Dečani, dessen Pantokrator-Kirche zu seinem Mausoleum bestimmt war. Die Fertigstellung hat er aber nicht mehr erlebt. Sein Sarkophag steht noch heute in dieser Kirche, die man in vielfacher Hinsicht als Symbol für den Gipfelpunkt der Macht und Größe des serbischen Staates betrachten kann. Baumeister war der Franziskaner-Mönch Vita, der Bau nahm acht Jahre in Anspruch. Mittlerweile war Dušan seinem Vater auf dem Thron gefolgt.

Muttergottes

Patriarchat Peć, Demetriuskirche, 14. Jahrh.

Schon Stefan Dečanski hatte Dečani die Vorrechte eines „königlichen Klosters“ zugesprochen und es wurde mit reichen Besitzungen vom Weißen Drim bis in die Nähe des Skutari-Sees ausgestattet. Von den ursprünglichen Klosterbauten ist nahezu nichts mehr vorhanden, sie wurden später durch neue Gebäude ersetzt, die Kirche jedoch gehört zu den besterhaltenen jener Zeit. Millet beschreibt sie kurz und bündig mit den Worten: „Wir glauben, hier drei dreischiffige, aneinandergebaute Kirchen zu sehen, von denen die mittlere höher ist als die beiden anderen“. Sanktuarium und Narthex sind in der Tat niedriger als der Zentralbau mit der Kuppel. Die Fassade aus gelbem und violettem Marmor, Portal und Fenster und ein umlaufender Fries aus Tieren, Pflanzen und Monstern erinnern an Studenica oder die dalmatinischen Kirchen jener Zeit. So könnte die Kirche auch an der Küste oder im Westen stehen, und hieraus resultiert Millets Beschreibung.

Betreten wir die Klosterkirche von Dečani, so nimmt uns der Zauber einer Überfülle von Wandbildern gefangen, die das Werk von Malern aus allen Teilen des serbischen Reiches ist. Sie arbeiteten fünfzehn Jahre, um die riesigen Wandflächen des Naos, des Sanktuariums und des großen Narthex mit über eintausend Szenen und mehr als zehntausend Figuren zu füllen. Bei der Vielzahl von Künstlern und der langen Zeit bis zur Fertigstellung war eine Einheitlichkeit des Stils nicht möglich. Man hat für Dečani den Begriff „enzyklopädisch“ geprägt, denn alles, was in Serbien an Freskenmalerei geschaffen wurde, findet sich hier wie in einem großen Buch über diesen Gegenstand. Auch die Thematik geht weit über das bis dahin Übliche hinaus und schließt Themen ein (Genesis, das Buch Daniel, Sprüche Salomonis), die vordem in der byzantinischen Wandmalerei nur selten behandelt wurden. Daß all dies nicht zu Pomp in einer seelenlosen Hülle geriet, war eine große Leistung, auch wenn nicht alle Fresken von gleich hohem künstlerischem Rang sind (Seiten 96—115).

Der ausgedehnte Besitz des Klosters Dečani, seine vielfältigen Aktivitäten, von denen besonders die humanitären hervorzuheben sind, haben zu einer Fülle von Dokumenten geführt, die — glücklicherweise in großem Umfang erhalten — Historikern wertvolle Quellen geöffnet haben, um ein Bild der gesellschaftlichen Struktur Serbiens zu jener Zeit erstehen zu lassen. Dečani war und ist bis heute der Ort menschlichen Verstehens, der Wärme, deren wir alle bedürfen.

Mädchen mit Amphore

Patriarchat Peć, Demetriuskirche, um 1345

Zar Dušan — Serbien auf der Höhe seiner Macht

„Kaiserlicher Befehl: Ein Schriftstück des Kaisers, das er im Zorn, aus zu großer Zuneigung oder Gnade geschrieben hat und das im Widerspruch zu diesem Gesetz steht, soll von keinem Richter anerkannt werden, denn er soll nur nach Gerechtigkeit verfahren."

Dieser Artikel 167 im berühmten Gesetzbuch des Zaren Dušan ist sicherlich eine der erstaunlichsten Verordnungen eines Kaisers auf der Höhe seiner Macht. Er kennzeichnet den Mann sehr gut, der als vorletzter aus dem Hause der Nemanjiden den serbischen Staat zu Größe und Ansehen geführt hat, wie er sie niemals wieder erreichen sollte. Was ihn zur Abfassung dieses Artikels bewog, war vielleicht sein Wissen von der Unwägbarkeit des menschlichen Herzens, von Liebe und Haß, sicher aber seine Überzeugung, daß sich der Staatsräson und dem Gesetz der Kaiser als erster zu unterwerfen habe. Auch mag ihn eine Erinnerung gewarnt haben, sich selbst zu jeder Zeit zu trauen: denn am Beginn auch seiner Regierungszeit steht ein Kampf mit dem Vater, wie er sich in der Geschichte der serbischen Könige schon so oft ereignet hatte.

Drei bedeutende Historiker, Danilo, Guillaume Adam und Johann von Ravenna, geben unterschiedliche Berichte von jenen unglückseligen Vorfällen. Dušan selbst schreibt in der Urkunde für das Kloster Prizren, Dämonen hätten ihn nicht zur Nachfolge zulassen wollen, Gott habe ihn gerettet. Guillaume Adam, der schon den Vater Stefan Dečanski als „Bastard, Tyrannen und Brudermörder" bezeichnet, meint von dessen Sohn Dušan, dieser übertreffe seine Vorfahren noch im Gift der unerhörten Bosheit. Andere Historiker wollen nicht glauben, Dušan sei am gewaltsamen Tod seines Vaters unschuldig gewesen.

Dieser — sei es aus Eifersucht auf die Sympathie, die seinem Sohn, dem jungen Kriegshelden Dušan, aus dem Volk zuströmte, sei es aus größerer Liebe zu seinem zweiten Sohn Symeon — war es, der den Streit begann. Er zog gegen seinen Sohn zu Feld und nach einer unaufrichtigen Versöhnung kam es bald wieder zu neuen Querelen. Adlige aus der Zeta mochten Dušan wohl so weit gebracht haben, nun alles auf eine Karte zu

Die Hölle

Kloster Dečani, vor 1348

АДЪЗОВЕТЬ. ГР
КОУВЬNЕГАС

setzen und den Vater vom Thron zu stoßen. Dieser wurde in der Burg Zvečan eingekerkert, wo er zwei Monate nach Dušans Krönung (1331) starb, ohne daß man einen gewaltsamen Tod hatte beweisen können, der aber wahrscheinlich ist. Stefan Dečanski wurde von der serbischen Kirche heiliggesprochen, doch sollte man dies nicht als indirekte Schuldzuweisung an Dušan betrachten.

Zu Beginn seiner Regierungszeit hatte Dušan große Schwierigkeiten, den übermächtigen Adel in den Griff zu bekommen. Aus diesen Erfahrungen erwuchsen ohne Zweifel seine Vorstellungen von der Struktur eines Staates, in dem sich jeder dem gültigen Gesetz zu unterwerfen hat. In einem Punkt unterschied er sich von allen seinen Vorgängern: seine politischen Vorstellungen hatten weit größere zeitliche und geographische Dimensionen. Sehr früh erkannte er die Gefahr, die von den Türken drohte, und er wußte genau, daß der innere Zusammenhalt eines Staates um so wichtiger wurde, je mehr neue Gebiete dem Herrschaftsbereich angegliedert wurden.

Zunächst beendete er die Reihe kleinlicher Konflikte mit Ragusa, dem wichtigsten Handelspartner im Westen. Zu den Nachbarn im Osten, den Bulgaren, entwickelten sich gute Beziehungen und Ostern 1332 heiratete Dušan Helena, die Schwester des bulgarischen Herrschers Alexander. So schienen die Grenzen im nördlichen Bereich hinreichend gesichert und Dušan konnte sich ganz der Situation im Süden widmen. Ohne die vollkommene Beherrschung von Albanien und Makedonien war ein Vorstoß nach Byzanz unsicher und gefahrvoll, und Byzanz war unbestreitbar Dušans großes Ziel.

Der von einer Gegenpartei abgesetzte byzantinische Kaiser Johannes VI. Kantakuzenos, der als Flüchtling zehn Monate am Hof Dušans zubrachte, schloß einen Vertrag, der den Serben den Zugriff auf Griechenland ermöglichte. Ohne große, entscheidende Schlachten wurde zwischen 1343 und 1346 eine Stadt nach der anderen erobert, einschließlich Ohrids, wobei der dortige autokephale Erzbischof seine Rechte behielt. Dušan ersuchte nun den serbischen Reichstag, ihn zum Kaiser mit dem Titel „Kaiser der Serben und Griechen“ zu proklamieren. Da nur ein Patriarch einen Kaiser krönen konnte, wurde der frühere Kanzler Dušans, Joannikij, zum Patriarchen der Serben und Griechen erhoben, mit Zustimmung des bulgarischen Patriarchen und des Erzbischofs von Ohrid, doch sehr zum Mißfallen des byzantinischen Patriarchen, der den Bannfluch gegen Joannikij schleuderte — ohne Erfolg, denn das geschwächte Byzanz konnte seine Vorstellungen im stetig mächtiger werdenden Serbien nicht mehr durchsetzen.

Der Stammbaum
der Nemanjiden

Kloster Dečani, 1350

Die Kaiserkrönung Dušans (gleichzeitig wurde seine Frau Helena zur Kaiserin und sein Sohn Uroš zum König von Serbien gekrönt) war eine prachtvolle Demonstration von Macht und Reichtum. Wie sehr sich davon die Verhältnisse in Byzanz unterschieden, zeigt die Krönung des Kaisers Kantakuzenos, der den Thron wieder erlangt hatte: Chronisten sprechen von einer Krone aus vergoldetem Leder, besetzt mit Steinen aus farbigem Glas und statt aus goldenen Bechern trank man aus Zinn- und Blechgefäßen.

Am 21. Mai, dem Himmelfahrtstag des Jahres 1349, wurde Dušans Gesetzbuch verkündet, in dessen Präambel alle beschrieben sind, die an seinem Entstehen beteiligt waren und an die es gerichtet war: die Synode der orthodoxen Kirche, ihr Patriarch, die Bischöfe und die gesamte Geistlichkeit, der hohe und der niedere Adel des Zarenreiches.

Diese Beschreibung gibt Anlaß, sich an die Struktur des serbischen Staates zu erinnern. Die Könige und auch der Zar waren keine absolutistischen Herrscher, sondern von der Zustimmung ihrer Ratgeber und des Reichstages abhängig. Der „Zbor" hatte die Beschlüsse des Königs zu beraten, konnte ihnen zustimmen oder sie ablehnen. Abdankung oder Krönung des Herrschers fanden vor dem Reichstag statt, ebenso die Einsetzung eines neuen Erzbischofs, die Errichtung neuer

Die Hochzeit zu Kana

Kloster Dečani, vor 1348

Folgende Seiten: Apostel Petrus

Kloster Dečani, vor 1348

Erzengel Gabriel

Kloster Dečani, 1350

ΜΡ ΘΥ

СТЫ

Heiliger Stephan

Kloster Dečani, vor 1348

Christus in Bethanien

Kloster Dečani, vor 1348

XC

Der Diakon Philippus und der Kämmerer der Königin von Kandake

Kloster Dečani, vor 1348

Johannes der Täufer

Kloster Dečani, vor 1348

Das Gleichnis von den klugen und den törichten Jungfrauen

Kloster Dečani, vor 1348

Die Hochzeit zu Kana

Kloster Dečani, vor 1348

Apostel Paulus

Kloster Dečani, vor 1348

СТЫ
ПАВЬЛЬ

Bistümer oder die Stiftung neuer Klöster, der Erlaß neuer Gesetze oder die Schlichtung innerer Zwiste, deren es immer viele gab.

Der Rechtsprechung wird in Dušans Gesetzbuch ein hoher Rang eingeräumt, Richter stehen unter einem ganz besonderen Schutz: Ein Adliger, der einen Richter beleidigt, verliert all sein Eigentum, ein Dorf, welches das gleiche Delikt begeht, wird zerstört oder konfisziert. Die Todesstrafe ist selten erwähnt und wird nur für Mord an einem Bischof, Mönch oder Priester sowie an Vater, Mutter, Bruder oder dem eigenen Kind verhängt. Es ist bemerkenswert, daß die Folter, zu jener und noch sehr viel späterer Zeit in Europa allgemein üblich, in Serbien nicht existierte. Auch das sogenannte Gottesurteil durch Zweikampf ist verboten, allenfalls läßt man Diebe ein glühendes Eisen aus einem Kohlenbecken vor der Kirche aufnehmen und zum Altar tragen (was einige besonders Trickreiche auch vollbracht haben sollen).

Die serbischen Könige waren während ihrer Regierungszeit meist auf Reisen in ihrem Land. Dabei dienten die Klöster sehr häufig als Residenz. Da aber Gemeinden und Städte nicht nur Spanndienste zu leisten hatten, sondern königlicher Besuch auch mit allen möglichen, zum Teil beträchtlichen Ausgaben verbunden war, schützte das Gesetzbuch die besuchten Orte ausdrücklich vor der Ausbeutung durch Personen aus dem Troß des Königs oder Kaisers.

So sehr Dušan sich bemühte, an die Tradition des „heiligen Königs", Milutin, anzuknüpfen, so wenig gelang ihm dies auf dem Gebiet von Kunst und Kultur. Es gab keine Hofmalerwerkstatt mehr, die

Erweckung des Jünglings zu Naïn

Kloster Dečani, vor 1348

Folgende Seiten: Die Heilung des Besessenen

Kloster Dečani, vor 1348

Christus heilt die Tochter des kanaanäischen Weibes

Kloster Dečani, vor 1348

IC XC

IC XC

Stileinheitlichkeit der Malerei ging verloren in Regionalismus, es blieb den Bischöfen und Adligen überlassen, in ihrem Umkreis zu konservieren, was aus früherer Zeit auf sie kam. Das soll nicht heißen, die Freskenmalerei sei plötzlich zum Stillstand gekommen, doch die große Kraft, die starke Hand, wie sie von Milutin verkörpert wurde, war nicht mehr zu spüren.

Dušans scharfer Blick für die drohende Gefahr durch die Türken wurde schon erwähnt. Seine Soldaten hatten mehrfach in kleineren Gefechten Niederlagen einstecken müssen, und die Türken als Hilfstruppen der Byzantiner verbreiteten Schrecken nicht nur beim Gegner, sondern auch bei ihren eigenen Verbündeten. Hilfe und gemeinsames Handeln war von den schon geschwächten Nachbarländern nicht zu erwarten, und so wandte sich Dušan 1354 an Papst Innozenz VI., der in Avignon residierte, mit der Bitte, zum „Kapitän gegen die Türken" ernannt zu werden, nicht zuletzt aber auch, um Hilfe aus den westlichen Ländern herbeizurufen. Alle hätten, wie die spätere Geschichte zeigt, gute Gründe zum gemeinsamen Handeln gehabt. Durch allerlei Mißverständnisse und Zänkereien kam es zu dieser Gemeinsamkeit nicht. Dušan starb unerwartet im Alter von 48 Jahren am 20. Dezember 1355 und wurde in seiner Stiftung, dem Erzengel-Kloster bei Prizren, beigesetzt.

Das Beispiel Dušans, Milutins und ihrer Vorgänger zeigt, was in der Geschichte überlebt. Dušans glanzvolles Reich ist zerfallen, seine Heldentaten in Geschichtsbüchern nachzulesen, sein berühmtes Gesetzbuch ein historisches Dokument, eigentlich nur wenigen bekannt. Die Kirchen der serbischen Könige von Stefan Nemanja bis Milutin, die Fresken, die sie malen ließen, sind heute noch erhalten. Nicht die Siege und Eroberungen jener Könige sprechen zu uns, sondern die Kunstwerke, die sie errichten ließen.

Der Stern erlischt

Mit dem Tod des Zaren Dušan beginnt der rasche Zerfall des serbischen Reiches. Ungeachtet der drohenden Gefahr einer türkischen Invasion beginnt ein Krieg zwischen Dušans Sohn Uroš V. und seinem Halbbruder Symeon um die Thronfolge, der 1358 zur Teilung des Reiches in eine nördliche Hälfte unter Uroš und eine südliche unter Symeon führt, der sich in Kastoria zum Kaiser ausrufen läßt. Doch auch der nördliche Teil des alten Reiches unter Uroš ist kein intakter Staat mehr. Reichstage werden nicht mehr abgehalten, die Adligen betreiben Politik auf eigene Faust, wobei sie sich der kaiserlichen Beamten bedienen.

Als man 1366 dem schwachen Uroš als mitregierenden König Vukašin zur Seite stellt, kommt es sofort wieder zur Parteienbildung. Doch Vukašin kann sich zumindest gegen seine politischen Gegner durchsetzen und 1370 nennt er sich bereits „Herrscher der serbischen Lande, der Griechen und westlichen Gebiete".

Doch alles kommt 1371 zu einem jähen Ende. In der Schlacht an der Marica werden die Serben von den Türken geschlagen, Vukašin fällt, sein Sohn Marko wird serbischer König — den Türken tributpflichtig und gezwungen, mit seinen Truppen auf türkischer Seite zu kämpfen.

Die türkischen Eroberungen in Griechenland leiten einen Exodus von gebildeten Mönchen, Künstlern und Schriftstellern nach Norden ein, ähnlich dem Zustrom aus Byzanz zu Beginn der Lateinerherrschaft 1204. Doch sie betreten kein Land im jugendlichen Aufschwung, sondern die Reste eines angeschlagenen Reiches, vor einer ungewissen, dunklen Zukunft stehend. Die Zeit der Klosterstiftungen ist dahin, es wird vollendet, was zu Lebzeiten Dušans begonnen wurde, und mit Mühe erhalten, was in 150 Jahren entstanden war.

Dennoch waren es achtzehn Jahre und meist friedvolle, die zwischen der Schlacht an der Marica und jenem Ereignis liegen, das Serbiens Schicksal für viele Jahrhunderte bestimmen sollte, der Kosovo-Schlacht (Schlacht auf dem Amselfeld) im Jahre 1389.

Unter der Führung des Prinzen Lazar standen 35 000 Serben den zahlenmäßig überlegenen Türken gegenüber und wurden von ihnen geschlagen. Lazar selbst fiel in der Schlacht, Sultan Amurath, der Befehlshaber der Türken, wurde in seinem Zelt von dem Serben Miloš Obilić getötet. Ob König Marko, schon türkischer Vasall, an der Schlacht teilgenommen hat, läßt sich historisch nicht belegen. Er fiel 1394, gezwungenermaßen auf türkischer Seite kämpfend, in einer Schlacht in Rumänien. Sein Wunsch, den er zu Beginn des Treffens geäußert hatte, er wünsche den Christen den Sieg und möge als erster fallen, wurde erfüllt.

Sicher war die Schlacht auf dem Amselfeld militärisch nicht das entscheidende Ereignis, das den Türken nunmehr freie Bahn nach Norden eröffnet hätte. Doch sie war nach dem Glauben des Volkes der

Das Paradies *Kloster Gračanica, um 1320*

geschichtliche Wendepunkt und das Symbol für den Beginn der langen Türkenherrschaft in Serbien. Gedichte, Lieder und Erzählungen sind bis heute lebendig geblieben, jenen dunklen Tag beklagend, der das Unheil brachte. Aus König Marko wurde eine legendäre Gestalt, das Wunschbild eines Heroen, der alles, ja die Natur beherrscht, geliebt von den Nymphen wegen seiner Schönheit, felsenschleudernd als Wettkampfgefährte der Riesen. In alledem wird der Wunsch nach einem starken Helden mit übernatürlichen Kräften offenbar, der alles zum Besseren wendet. Doch wer darf wünschen, das zurückzuerhalten, was er selbst mit verspielt hat? Uneinigkeit, kurzsichtiges, eigennütziges Handeln und kleinliches Feilschen um persönliche Vorteile haben Dušans großes Reich in so wenigen Jahren in Trümmer fallen lassen.

Kam Serbien nach der Schlacht auf dem Amselfeld zunächst auch unter türkische Herrschaft, so konnte es sich doch teilweise nochmals davon befreien. Von dieser Zeit bis 1459, dem Fall der Festung Smederevo, dem endgültigen Sieg der Türken über die Reste des serbischen Staates, gab es 70 Jahre wechselvoller Geschichte auf unsicherem Boden. Das kulturelle Kernland Serbiens war damals das Moravagebiet, benannt nach dem dreiarmigen Fluß Morava, in dessen unmittelbarer Nähe die wichtigsten Bauten jener Periode liegen. Das Moravagebiet, beherrscht vom Fürsten Lazar Hrebeljanović und später von seinem Sohn, dem Despoten Stefan Lazarević, war ein Sammelbecken für Flüchtlinge aus all jenen Ländern, die von den Türken bereits erobert worden waren: das südliche Serbien, Griechenland, Albanien, Bulgarien und Rumänien, und unter ihnen waren nicht nur hochrangige Geistliche, sondern auch Schriftsteller und Geschichtsschreiber, Übersetzer, Kopisten und Freskenmaler. Den militärischen und wirtschaftlichen Schwierigkeiten zum Trotz entwickelte sich nicht nur Wohlhabenheit, sogar Reichtum, sonst wäre es wohl kaum zu einem so aristokratischen Prunk gekommen wie am Hof des Stefan Lazarević, des Stifters von Resava (Manasija).

Resava (Manasija)

Obgleich nur teilweise erhalten, beeindruckt die mächtige, wehrhafte Anlage mit ihren ursprünglich elf gewaltigen Türmen und dicken Mauern noch heute den Besucher, dem Resava mehr den Eindruck einer Festung als eines Klosters vermittelt. Seine geographische Lage und die unsicheren Zeitläufte bei seiner Errichtung sind Erklärung genug. Die Klosterkirche ist eines der besten Beispiele der Morava-Schule.

Königin
Simonida

Kloster Gračanica,
um 1320

Im Gegensatz zu anderen Klöstern aus dieser Zeit (Ravanica, Kalenić) wurde Resava nicht aus Stein und Ziegel, sondern behauenen Natursteinquadern erbaut. Einen recht ausführlichen Bericht über Plan und Ausführung gibt es von „Konstantin dem Philosophen", dem Biographen des Despoten Stefan, Stifters von Resava. Danach war Dečani, das „große Kloster", Vorbild für Resava gewesen, und der Chronist beschreibt, daß man „die kunstfertigsten Arbeiter und erfahrensten Maler, samt und sonders hochachtbare Männer" aus dem ganzen Land zusammenholte, „einige sogar von den [ägäischen] Inseln".

Der 1406 begonnene Bau wurde erst zwölf Jahre später fertiggestellt, und wenn er auch nicht die Größe Dečanis erreichte, gehört er doch zu den wichtigsten Bauwerken der serbischen Geschichte. Die Fresken, von denen ein großer Teil dem Brand und den Zerstörungen des Klosters zum Opfer fiel, erstrahlen in einem Zweiklang von Gold und tiefem Blau. Thematisch bleiben sie durchaus im Rahmen dessen, was in einer Kirche solcher Größe zu erwarten ist (Seiten 123, 125, 129).

Ihre Bedeutung als künstlerisches und Zeit-Dokument hat aber einen ganz anderen Grund. Sieht man nämlich von den Stifter-Bildern ab, die stets „naturgetreue" Porträts waren, so sind Figuren, Gewänder und Architektur der Fresken in anderen Kirchen Teil einer malerischen Erzählung biblischer Vergangenheit in einem idealisierten Rahmen. Kein Maler dachte daran, den Einzug in Jerusalem mit einer historisch genauen Architektur-Kulisse des Heiligen Landes zu versehen. Ganz anders in Resava. Wo immer thematisch möglich, sind vor allem Figuren und ihre Gewänder ein treues Spiegelbild ihrer Zeit und der prächtigen Hofhaltung des Despoten Stefan Lazarević. Edelleute im kostbaren Habit, Hofdamen in eleganten Roben, Krieger in luxuriösen Rüstungen beschreiben noch besser als der Chronist die vornehme Eleganz und den verfeinerten Lebensstil des Hofes, von dem berichtet wird, alles Laute, Unvornehme sei verpönt gewesen, kein grobes, unliebsames Wort sei dort gesprochen, ja nicht einmal gedacht worden. Kein unschicklich oder gewöhnlich Gekleideter hätte sich in jenem Kreis bewegen können und der Fürst selbst habe Gewänder in lichten Farben verteilt, wie er auch als feinsinniger Poet hervortrat: dies alles mutet an wie die „Insel der Seligen" in einem Meer von Krieg, Brand und Mord.

Heiliger Ezechiel

Kloster Resava (Manasija), 1410

Kalenić

Am Ende eines malerischen Tales, abgeschieden von belebten, großen Durchgangsstraßen, umrahmt von hohen Bergen, liegt das Kloster Kalenić, nicht weit von Rekovac entfernt. Es wurde etwa zur gleichen Zeit (nämlich 1413—17) wie Resava errichtet. Der Stifter war Bogdan, Mundschenk am Hof des Despoten Stefan Lazarević, des Erbauers von Resava. Auf dem Stifterbild sehen wir Bogdan mit seiner Frau Milica und seinem Bruder Petar.

Architektonisch ist Kalenić, eines der hervorragenden Denkmäler der Morava-Schule, ein Bauwerk von selten erreichter Harmonie, was den Gesamt-Entwurf und die Verteilung der Akzente anbelangt. Anders als Resava ist die Kirche von Kalenić ein Stein- und Ziegelbau. Eine fast verschwenderische Fülle von Skulptur-Ornamenten schmückt die Fassade, Türen und Fenster. Sie waren einst alle bemalt, was an den Farb-Resten noch zu erkennen ist.

Der harmonische Akkord, den die Architektur anschlägt, klingt in den Fresken weiter. Es ist eine im besten Sinn sentimentale, duftige und durchsichtige Malerei in hellen Farbtönen, einem Aquarell ähnlich. Alle Figuren und Kompositionen scheinen von einem milden, milchigen, diffusen Licht durchdrungen, die heroische Note der Wandbilder von Resava, ihr Prunk — nichts von alledem findet sich in den Fresken von Kalenić. Statt eines dramatischen Schauspiels betrachten wir ein lyrisches Szenarium (Seiten 135—137).

Die Maler von Kalenić sind unbekannt, wie überhaupt wenig über das Kloster, das immerhin zu den bekanntesten der Morava-Region zählt, überliefert ist. Die türkische Okkupation brachte Kalenić das gleiche Schicksal wie den anderen Klöstern: die Kirche wurde teilweise niedergebrannt und zerstört, und erst im 18. und 19. Jahrhundert begann eine „Instandsetzung“, keineswegs eine Wiedererrichtung, denn man nahm schwere Eingriffe in die ursprüngliche Architektur vor. Erst 1928/29 erfuhr Kalenić eine wirkliche, sorgfältige Restaurierung, welche die ursprüngliche Schönheit des Bauwerks wiedererstehen ließ. 1956/57 wurden schließlich auch die Fresken restauriert.

*

Heiliger
Nicetas

Kloster Resava
(Manasija), 1410

Wie schöne Blumen im Licht der untergehenden Abendsonne erscheinen jene Jahre der serbischen Geschichte vor dem großen Unheil, das schon sichtbar heraufzog.

1453 wurde Konstantinopel von den Türken erobert. Byzanz, die große Mutter, war tot. Der glanzvolle Staat der Nemanjiden und ihrer Nachfolger war dahin, die Türken rückten vor, beherrschten die Lande und sollten sich erst vierhundert Jahre später wieder zurückziehen.

Wie es damals war

Wie 20 Jahre die Struktur und das Bild eines Landes verändern können, wurde mir so recht bewußt, als ich 1985 für die letzten Farbkorrekturen zu den Abbildungen dieses Buches all jene Klöster wieder besuchte, in denen wir über zwei Jahrzehnte das Bildmaterial aufgenommen hatten.

Wo damals Ochsenkarren auf den Straßen fuhren, rattern heute moderne Traktoren, wo klapprige, dreißig Jahre alte Autos ihr Ziel mit Müh und Not erreichten, entlassen heute klimatisierte Luxusbusse Touristen aus aller Welt zur Kurzbesichtigung der Sehenswürdigkeiten, die elenden Zimmer in alten Herbergen sind modernen Luxushotels gewichen. Wer heute im südlichen Serbien, im Kosovo und Makedonien reist, kann sich schwerlich eine Vorstellung davon machen, wie abenteuerlich solche Unternehmungen damals waren.

Mein verlegerischer Plan, ein möglichst umfassendes Bildmaterial der Ikonen und Fresken in Serbien und Makedonien zusammenzutragen, war ein sehr hoch gestecktes Ziel. Ich hätte es auch nicht annähernd erreichen können ohne Mile Djordjević, dessen Bekanntschaft mir ein gemeinsamer Freund vermittelte. Mile zeigte sich als der Fotograf, für den der Druck auf den Auslöser eben nicht „die Sache an sich", sondern das Ende eines Denkprozesses war, in dem nicht nur fotografische Probleme eine Rolle spielten. Er kannte sein Land, dessen Geschichte und Kunst von Grund auf und er öffnete mir die Türen nicht nur im wörtlichen Sinn, sondern auch zum Verständnis der Menschen und ihrer Umwelt. Daß er eigentlich Arzt war, bekam ich erst sehr viel später heraus; jedenfalls hatte ich in ihm den Weggefährten gefunden, der bereit war, mit mir durch dick und dünn zu gehen. Nicht weniger am Gelingen unserer Arbeit beteiligt war seine Frau Dušanka („Duda"), die uns als Assistentin und Laborantin begleitete und deren Präzision und Improvisationsgabe die widrigsten Umstände überwinden half.
Wir waren uns nämlich von Anfang an einig, daß alle Aufnahmen an Ort und Stelle entwickelt werden mußten; spätere Wiederholungen erschienen nicht nur wegen der langen und teuren Anreise als fragwürdige Lösung.

Die Tank-Entwicklung von professionellen Farbfilmen gehörte schon damals nicht zum fotografischen Alltag (dafür gab es schon die großen Speziallabors), wie viel weniger aber war es üblich, auf Reisen, unter ständig wechselnden Bedingungen präzise Arbeit zu leisten. Ich habe in den vielen Jahren seither niemanden mehr getroffen, der sich an ein solches Abenteuer machen wollte.

Verleger, deutsche zumal, haben recht fest umrissene Vorstellungen, was zum Gelingen solcher Pläne erforderlich ist, ja den Erfolg geradezu garantiert: Man korrespondiert, man telefoniert, man holt allerlei Genehmigungen ein, stellt Listen und Reisepläne auf und bleibt immer Herr der Situation.

Ich habe seinerzeit einmal versucht, vorher mit einem Kloster zu korrespondieren. Auf die Antwort warte ich noch heute. Aber ganz ins Blaue hinein konnten wir ein solches Abenteuer nicht starten. Mile war vom Patriarchat in Belgrad ein Schreiben in Aussicht gestellt worden, das unsere Arbeit erleichtern sollte.

Wir hatten eine Route zusammengestellt, die uns von Belgrad zunächst nach Studenica, dann nach Sopoćani, Dečani und Peć führen sollte. Das Kartenlesen hatte ich gelernt und es war schon klar, daß die meisten dieser Plätze, die wir besuchen wollten, von ihren Erbauern nicht neben der Hauptstraße des zwanzigsten Jahrhunderts errichtet worden waren. Doch das Karteninterpretieren ist ein ander Ding, je nach dem, wo man sich befindet. Es gab da große, schöne, rot gedruckte Hauptstraßen, gelbe, die vermutlich weniger prächtig waren, und kleine weiße, von denen man sich besser nichts Gutes versprach. Die Praxis sah später ganz anders aus, denn die schönen, großen, roten Straßen waren teils im Um- und Ausbau und schwer passierbar, die gelben häufig nicht zu vermeiden und die kleinen weißen obligatorisch, denn nur über sie waren die meisten Klöster erreichbar.

Die Kameraausrüstung bestand aus einer Linhof 9 × 12, Fotolampen, dem nötigen Zubehör und mit all dem hätte man leicht ein Auto füllen können; die Schwierigkeit war nur, daß auch noch 4 Personen im gleichen Wagen fahren sollten.

Heiliger Tryphon

Kloster Resava (Manasija), 1410

Erste Aufnahmereise

Hocherfreut präsentiert Mile uns, die wir seit Stunden nervös im Hotel Slavia in Belgrad sitzen, den Brief des Patriarchats. Darunter ein großes Siegel, eine schöne Unterschrift. War das nicht schon die Garantie für den halben Erfolg?

Auf der Straße von Belgrad nach Čačak erkennen wir, wie überladen unser Wagen ist: Weicht man einem Schlagloch nicht aus, macht der Wagenboden Bekanntschaft mit der Straßendecke. Es gibt viele Schlaglöcher, wir fahren Schlangenlinien. Das Wetter ist wunderbar, die Stimmung ausgezeichnet, der Tatendurst groß.

Im wildromantischen Ibartal, wo sich die Straße in engen Windungen zwischen dem reißenden Fluß und schroffen Felswänden durchzwängt, fährt man ja schon wegen der vielen herrlichen Ausblicke recht langsam. Daher gelingt es mir auch so gut, im Ausgang einer engen Kurve den Wagen im allerletzten Moment hinter einem von Ochsen gezogenen Langholzfuhrwerk, dessen Stämme mir einladend entgegenragen, zum Stehen zu bringen. Das Erlebnis war ebenso nachdrücklich wie nützlich: Schon einige Kilometer weiter versperrt uns, ebenfalls hinter einer unübersichtlichen Kurve, ein riesiger Felsbrocken den Weg.

In Ušće zweigt das Sträßchen nach Studenica ab und jetzt beginnt eine Art Himmelsleiter, die der Mensch im Streben nach einem hohen Ziel bekanntlich nur mit großen Schwierigkeiten meistert: Tief ausgefahrene Spurrinnen, dazwischen spitze Felsbrocken, der Wagen sitzt mehrmals auf. An Steilstrecken müssen die Beifahrer aussteigen, damit wir einige Zentimeter mehr Bodenfreiheit gewinnen. Der lehmige Hang kurz vor dem Kloster gleicht einer mit Schmierseife bestrichenen Rutschbahn. Schließlich stehen wir aber doch oben.

Wir besichtigen die Königskirche und die Muttergotteskirche, hingerissen von der Malerei, zugleich aber kühl registrierend, wie viele Aufnahmen wir im ersten Anlauf machen können. Die beiden Mönche, die uns geführt haben, bitten uns in den Konak, es folgt die Begrüßungsszene mit Sladko, Rakija und Kaffee, wie wir sie noch so oft erleben sollten. Nur langsam nähert sich das Gespräch dem Grund unseres Besuches. Mile präsentiert den Brief des Patriarchats. Darin gibt es eine Stelle, wo von solchen „Gepflogenheiten“ die Rede ist. Die Gepflogenheiten in Studenica sind niederschmetternd und stehen in einem Tarif, der sich nach längerem

Suchen unter diversen Papieren findet: Jede Aufnahme kostet 30 Dollar. Von der serbischen Diskussion zwischen den Mönchen und Mile verstehe ich zum Glück nur wenig, aber das Ergebnis wird klar: Keine Einigung.

Nach einer Stunde kehren wir dem Konak den Rücken und gehen zum Motel. Über der Türe steht „Dobro Došli", aber man hätte dort besser den Dante zitiert: „Laßt, die Ihr hier eintretet, alle Hoffnung fahren". Ist es unser erfolgloses Gespräch im Konak, das fürchterliche Essen oder die Besichtigung der Zimmer, die so tiefe Depressionen erzeugt? Wahrscheinlich alles zusammen. Daß jetzt noch alles Fotogerät aus dem Wagen ausgeladen werden muß, kann man nur als Ironie des Schicksals betrachten. Wir setzen uns zusammen und beraten. Ich bin für sofortige Rückkehr, aber mein Freund Rolf, der uns begleitet, spricht dagegen. Es gibt doch noch andere Klöster — und vielleicht viel bessere Motels.

Sopoćani

Von Novi Pazar auf einer sanft ansteigenden Straße durch Wald, Weideflächen und kleine Felsengruppen gelangen wir nach Sopoćani. Auch bei späteren Besuchen hatte ich immer den gleichen Eindruck: Landschaftlich liegt keines der Klöster schöner. Milde, weiche Vormittagsstimmung, schönes Licht, ein Bild des Friedens. Eine junge Schwester sitzt vor dem Konak, Mile unterhält sich angelegentlich und lange mit ihr, wir bleiben im Hintergrund und besichtigen erst die Kirche. Was wäre es für eine Dummheit gewesen, nach Belgrad zurückzufahren! Selbst wenn wir hier nicht eine einzige Aufnahme machen könnten, hätte sich der Besuch schon gelohnt. Bis jetzt kannte ich ja alle Fresken nur von Schwarzweiß- oder schlechten Farbreproduktionen.

Nach zwei Stunden sehen wir einen sehr großen, schlanken Mönch über den Hügel herabeilen. Es ist Varnava, der uns in den Konak führt. Wir sprechen mit den Schwestern über einen Vertrag und sind nach einer Viertelstunde einig. Handschriftlich und mit Blaupapier wird alles sauber niedergeschrieben.

Ein kleines, sehr hübsches Hotel liegt nahe beim Kloster. Um neun Uhr abends wollen wir mit den Aufnahmen beginnen (um jede Mischung mit Tageslicht zu vermeiden, können wir nur nachts arbeiten). Eigentlich sollten wir jetzt schlafen, aber wir sind alle viel zu aufgeregt. Rolf parliert französisch mit dem Direktor des Hotelchens und fragt:

„Avez-vous quelque chose à boire?" „Mais oui, voulez-vous escalopes ou entrecôte?"
Als es dunkel ist, gehen wir zur Kirche hinüber, nicht ohne vereinbart zu haben, daß man uns um 4.00 Uhr morgens ins Hotel einläßt, wenn wir wegen der Morgendämmerung unsere Arbeit beenden müssen.

Alles wird ausgeladen, Kamera und Lampen aufgebaut, Kabel verlegt und Filme eingelegt. Im Stromnetz schwankt die Spannung zwischen 150 und 220 V, aber wir haben ja zum Glück einen riesigen russischen Stabilisator dabei, ein wahres Ungetüm (das uns aber nie im Stich gelassen hat). Aus Tischen, Stühlen und Brettern bauen wir eine Art Gerüst, um das Kamerastativ in die richtige Höhe zu bringen, Varnava, der uns bereitwillig hilft, hebt Stativ und Lampe nach oben und steht wie ein Engel mit Fackel, ich mache das gleiche auf der anderen Seite (nur sieht es weniger imposant aus). Daß Stecker, Kupplungen und Miles Kabel keinen Gefallen aneinander finden wollen, ist nicht sehr lustig. Man muß sie mit der Hand zusammenpressen und wir ziehen dazu Handschuhe an, denn das Zutrauen zu dieser Art von Elektromaterial ist stark reduziert.

Die Temperatur in der Kirche sinkt beträchtlich ab, 5^0 sind es höchstens noch. Neues Problem: Unsere Damen haben Hosen an, was in einer orthodoxen Kirche sehr unerwünscht ist. Offenbar erinnert es zu sehr an die Hosenröcke der Muslim-Frauen. Varnava zeigt Verständnis und von den Schwestern kommt ohnehin nachts keine in die Kirche. Nächstes Problem: Als Mann nimmt man die Kopfbedeckung ab, wenn man eine Kirche betritt. Wir haben gefütterte Anoraks mit Kapuzen. Die aufgestülpte Kapuze erscheint als tragbarer Kompromiß.

Sieben Stunden Arbeit, sechs Aufnahmen. Ständig müssen Kabel neu verlegt werden, der Umbau des wackeligen Gerüsts kostet viel Zeit. Früh um vier Uhr gehen wir ins Hotel zurück, natürlich öffnet kein Mensch. Wir schlafen zwei Stunden im kalten Auto und fallen um sechs Uhr todmüde, steif und durchgefroren in unsere Betten.

Die Hochzeit zu Kana
Ausschnitt

Kloster Kalenić, um 1413

Dečani

Viele Stunden Fahrt von Sopoćani hierher. Es gäbe da laut Karte eine ganz kurze Verbindung über den Kula-Paß, aber Mile schüttelt den Kopf mit einem entsetzten Gesichtsausdruck. Die direkte Straße von Priština lehnt er auch ohne weitere Diskussion ab. Also fahren wir 150 km Umweg über Prizren, selten schneller als 30 oder 40 km/h. Auf der Straße tummeln sich Kälber, Schafe und Schweine; Hühner, Enten und Gänse registrieren wir schon fast nicht mehr. Mile kommandiert von Zeit zu Zeit: „Maximal-Sirena!". Die armen Tiere stieben nach allen Himmelsrichtungen auseinander, und ich habe das Gefühl, die Hupe läuft heiß. Überfahren haben wir aber nicht einmal ein Huhn.

Am späten Nachmittag betreten wir den Klosterhof von Dečani. Vor der Kirche sitzt ein stämmiger, ziemlich grimmig aussehender Mönch, von zwei anderen flankiert. Mile nähert sich ihm wie einem byzantinischen Kaiser. Der grimmig Aussehende gibt sich als Iguman Makarije zu erkennen und kommentiert unseren Geleitbrief, den Mile mit großer Geste präsentiert, mit den Worten: „Das Patriarchat ist in Belgrad. Was hier geschieht, bestimme ich." Und er bestimmt, daß nicht fotografiert wird.

Die abgeschlagene Truppe zieht sich in das kleine Hotel in der Nähe zurück, nur wenige hundert Meter vom Kloster entfernt. Jetzt erst einmal einige Stunden Schlaf, morgen werden wir weitersehen. Kaum liege ich im Bett, höre ich ein Motorrad heranrattern. Kurz darauf klopft es energisch an der Türe, es ist der Portier. „Makarije sitzt unten, er möchte Sie sprechen".

Makarije fährt gern auf einem schweren Motorrad und er spricht gut deutsch. Nach einer Stunde wissen beide Partner, was sie wollen und was sie bekommen können. Wie viele Aufnahmen? „So viele Sie wollen, wir brauchen hier Karten für die Touristen". Das war der Beginn einer langen freundschaftlichen Zusammenarbeit.

Am nächsten Tag Besichtigung der Kirche und Auswahl der Motive. Die Ikonen sind leider alle zur Restaurierung in einem Atelier. Den Tag verbringen wir mit der Besichtigung des Klosters und einem Spaziergang in die Umgebung. Als wir zurückkommen, wird gerade ein großes Weinfaß gereinigt. Rolf, offenbar an ökonomischen Fragen interessiert, fragt, wieviel Wein das Kloster pro Jahr erzeugt. Makarije: „Trauben wachsen so viel, wie Gott will, und daraus wird so viel Wein, wie ich will."

Mittags sind wir im Kloster zum Essen eingeladen. Es ist Fastenzeit, die Mönche essen nur etwas Kraut. Wir dagegen bekommen riesige Stücke von geräuchertem Fleisch, deren Handhabung einigermaßen schwierig ist und die wir auch nicht annähernd aufessen können.

Wir arbeiten die ganze Nacht hindurch. Die Temperatur in der Kirche ist mörderisch. Das Netz gibt Strom mit stabiler Spannung, aber die Installationen in der Kirche sind uralt. Berührt man eine Isolierung, so bröckelt sie unter den Fingern weg. Der große Rundleuchter muß weggezogen werden, was beträchtliche Mühe bereitet.

Das einzige Lebewesen, das sich, von den Lampen erwärmt, sehr wohl zu fühlen scheint, ist eine Fliege, die sich im entscheidenden Moment aufs Kameraobjektiv setzt. Wir versuchen sie einzufangen — unmöglich, sie wird nur noch aktiver.

Am nächsten Tag fahren wir mit Makarije nach Peć, um mit der Igumania des Klosters wegen Aufnahmen zu verhandeln. Nach dem, was ich sehe und nicht verstehe, kostet es Makarije keine große Mühe, sie dafür zu gewinnen. Aber es gibt einen Verwalter für das Geschäftliche, der sehr gut deutsch spricht, sicherlich 80 Jahre alt ist und ebenso eigensinnig, wie er aussieht. Früher, erzählt er, sei er einmal Kaufmann gewesen. Jetzt ist er bereit, einen mit vielen Klauseln und Fallstricken befrachteten Vertrag aufzusetzen, aber nicht sofort, sondern erst „morgen oder übermorgen." Vorher, so meint er, dürfen natürlich keine Aufnahmen gemacht werden.

Die Igumania und die Schwestern schweigen dazu und fangen später mit Makarije zu tuscheln an. Als wir das Kloster verlassen, sagt uns Makarije, wir sollten abends um 22.00 Uhr kommen und unsere ganze Ausrüstung mitbringen. So geschieht es auch. Aber wir treten nicht durch das Tor in den Klosterbezirk ein, sondern steigen wie die Diebe in einer dunklen Ecke über die Mauer, wobei uns die Schwestern helfen. In der Kirche müssen wir so lange warten, bis das Licht in einem bestimmten Fenster

Folgende Seiten: Die Hochzeit zu Kana

Kloster Kalenić, um 1413

des Konaks erloschen ist und auch dann können wir erst eine halbe Stunde später mit der Arbeit beginnen. Fünf Stunden, sechs Aufnahmen. Auf die gleiche abenteuerliche Weise verlassen wir das Kloster wieder. Ich überlege mir dauernd, was wohl passiert, wenn zufällig eine Polizeistreife vorbeifährt und sieht, wie wir unsere Ausrüstung über die Mauer hieven — wir draußen auf der Straße mit der Polizei, die Schwestern innen hinter der Mauer und das Klostertor geschlossen. Zum Glück kam dann aber doch keine Streife.

Der Portier in unserem Hotelchen Visoko Dečani hat uns von allem Anfang an den Eindruck gemacht, als könne er mit Ziegen, Lämmern und Schafen besser umgehen als mit Pässen, Anmeldungen und Rechnungen. Jetzt sagt er zu Mile: „Ihr seid jetzt zu viert schon vier Tage im Hotel, jetzt werde ich die Rechnung schreiben und ich bin gespannt, ob der Deutsche das alles bezahlen kann." Ich konnte. Er wird sehr umgänglich, geht mit uns vor das Hotel und zeigt nach oben in die Berge: „Dort oben sind meine Schafe". Also doch.

Aus der Abreise wird trotzdem nichts, denn der nächste Tag ist der 1. Mai und man verspricht uns ein interessantes Schauspiel. Tatsächlich scheint es am Morgen, als habe es Menschen vom Himmel geregnet. Ganze Dörfer aus Serbien und Montenegro sind eingetroffen, Tanzgruppen formieren sich, das Ganze ist ein fantastisches Folklore-Festival, nur eben nicht für Touristen gemacht, sondern zum eigenen Vergnügen. Kolo mit dreißig Männern und Mädchen, kaum hat eine Gruppe ihren Tanz beendet, beginnt der nächste. Es wird eine Menge gegessen und getrunken, aber auch gegen Abend sehe ich noch keinen Betrunkenen. So laut und lebhaft es draußen zugeht, alle werden still und ehrfürchtig, wenn sie die Kirche betreten. Zwei junge Burschen kriechen unter dem Sarkophag des Stefan Dečanski durch. Das soll Krankheiten heilen und Wünsche erfüllen.

Manasija

Auf der Rückreise von Dečani gelingt es mir (leider), eigensinnig eine Abkürzung durchzusetzen und von Zrze über Orahovac nach Suva Reka zu fahren. Das „spart" 40 Kilometer Umweg. Auf den ersten Kilometern geht noch alles recht gut, doch dann scheint es, als seien wir in die Wüste Gobi verschlagen. Schließlich fahre ich Schrittempo, aber nicht auf, sondern neben der Straße. Mile, der heftig gegen dieses Unternehmen protestiert hatte, sitzt mit dem Gesichtsausdruck des weisen Brahmanen im Wagen und enthält sich jeden Kommentars.

Zu unserem großen Erstaunen legen wir dennoch die gewaltige Strecke bis nach Manasija in 10 Stunden zurück und machen dort nachts noch Aufnahmen. Das war mehr als Probe gedacht, denn für die gewaltigen Kriegerfiguren der Fresken in der Kirche brauchten wir eigentlich ein großes Stativ. Dennoch wird alles gut, ein Wunder. Aber auf Wunder sind wir manchmal angewiesen.

*

Unsere erste Reise durften wir, selbst optimistisch betrachtet, nur als Test ansehen. In der Tat hatten wir keine allzu hoch gespannten Erwartungen und konnten froh sein, mit einer Anzahl guter Aufnahmen und einem Vorrat praktischer Erfahrungen zurückzukehren. Wir wußten jetzt, daß die Verhandlungen in jedem Kloster viele Stunden dauern konnten, wann Gottesdienste, Feiern und große Besucherströme unsere Arbeit blockieren konnten. Das Hauptproblem waren die ständigen Spannungs-Schwankungen im Stromnetz, die man zwar durch einen Stabilisator teilweise ausgleichen konnte, doch mußte man den eben ständig im Auge behalten.

Wir beschlossen also, unseren Strom selbst zu erzeugen, und ich kaufte (was damals noch keine alltägliche Sache war) ein Aggregat. Gerne hätten wir ein bißchen mehr Leistung gehabt, als nur für unsere Fotolampen nötig war — die Vorstellung, nebenher auf einer Kochplatte Kaffee oder Tee zuzubereiten, war sehr verlockend, und wer nur einmal die ganze Nacht in einer eisigkalten Kirche zugebracht hat, wird den Wunsch verstehen. Aber mehr Aggregat-Leistung hätte auch größeres Gewicht bedeutet, und damit war der Traum schon zu Ende — was den Kaffee betraf. Ansonsten hat uns dieses Aggregat hervorragende Dienste erwiesen. Ich hatte es zwar mit einem Spezial-Schalldämpfer versehen lassen, aber als wir es in der nächtlichen Stille einer Frühlingsnacht beim Kloster Mileševa zum ersten Mal in Betrieb nahmen, erzeugte es einen höllischen Lärm. Und bei mir erzeugte es Schuldgefühle. Doch die verschwanden spätestens, wenn wieder einmal alles im Dunkel versank und himmlische Ruhe einkehrte — weil wir vergessen hatten, rechtzeitig nachzutanken.

Unsere zweite Reise führte uns nach Makedonien, Skopje, Nerezi und Ohrid mit den Fresken des 11. und 12. Jahrhunderts, eine neue

Bilder-Welt. Wir waren inzwischen ein erfahrenes Team geworden und vollkommen aufeinander eingespielt: ausladen, Hochstativ aufbauen, Leitungen verlegen, Stativ versetzen, abbauen — das hatte uns früher sehr viel Zeit gekostet. Jetzt war es Routine geworden, alles ging leicht von der Hand und ebenso leicht schlichen sich die vielen kleinen Nachlässigkeiten und Fehler ein, die wir zum Glück an Ort und Stelle „reparieren" konnten.

Wir unternahmen später noch zwei große Aufnahmereisen und eine dritte zum Kloster Hilandar auf den Athos. Müßte ich heute, nach so vielen Jahren, alles noch einmal organisieren, so würde ich nur wenig zu ändern haben. Einen großen Kastenwagen hatte ich bereits gekauft, der zum Transport größerer Gerüste geeignet war und in den das Labor mit Heizung und Wassertank eingebaut werden sollte. Es waren die Vorbereitungen für eine Reise nach Rumänien, die dann der Ölkrise zum Opfer fiel. Der interessanteste Plan war die Anschaffung eines Lifts, der an einem Mast hydraulisch einen Arbeitskorb samt Fotograf und Kamera bis zu 8 m hoch transportiert hätte. Zum Glück haben wir vorher die Eingangstüren der Kirchen ausgemessen und dabei leider feststellen müssen, daß die Sockelstücke dieses Gerätes zu groß waren. So blieb nur die alte, zeitraubende und teure Methode des Gerüstbaues.

Zur Vorbereitung dieses Buches suchte ich alle Klöster noch einmal auf, um die Probedrucke mit den Originalfarben der Fresken zu vergleichen. Die früheren Tagesreisen hatten sich zu wenigen Stunden Autofahrt verkürzt, es war wie die Rückkehr eines Erwachsenen in die Landschaft seiner Kindheit. Die Kinderschritte, unbewußt gezählt, haften noch im Gedächtnis, doch als Erwachsener schreitet man mit Sieben-Meilen-Stiefeln aus.

Aus mehreren Gründen war dies eine Reise, bei der man auf einige Überraschungen gefaßt sein mußte. Die erste Frage war, wie lange Farb-Dias „überleben". Alle unsere Aufnahmen wurden mit Kodak Ektachrome-Kunstlichtfilm gemacht. Es gibt zahlreiche Fälle, in denen solche Filme nach mehr als 15 Jahren in ihrer Farbqualität so stark nachgelassen haben, daß man sie nicht mehr verwenden kann. Dies traf für keine unserer Aufnahmen zu. Soweit ich aus Gesprächen mit Fachleuten weiß, haben wir das einmal dem Umstand zu verdanken, daß die End-Wässerungen beim Entwickeln sehr gründlich vorgenommen wurden (nicht vollständig ausgewässerte Chemikalien „entwickeln" die Farben weiter und langsam „zu Tode"). Zum anderen wurde das ganze

Material im Dunkeln bei relativ niedrigen Temperaturen aufbewahrt. Daß ungeeignete Fototaschen aus bestimmten Kunststoffen Diapositive in kurzer Zeit vernichten können, sei nur am Rande erwähnt.

In einigen Kirchen waren die Fresken mittlerweile gereinigt worden, teilweise hatte man kleine Restaurierungen vorgenommen und so zeigen manche Aufnahmen in diesem Buch noch da und dort einen kleinen Riß im Putz, der heute verschwunden ist.

Daß sich Farben, besonders Grün- und Blautöne, in der wechselnden Tages-Beleuchtung ändern, ist bekannt. Das Problem beginnt ja bereits bei der Ausleuchtung eines Objektes mit Kunstlicht von einer gewissen Stärke, wobei man plötzlich Einzelheiten und Farbnuancen entdeckt, die dem Besucher niemals vor Augen kommen (ganz zu schweigen davon, daß viele Kirchen mit schwachen Glühbirnen erbärmlich beleuchtet sind).

Die Freskenmaler wußten sehr wohl, welch unterschiedliche Farbwirkungen das wechselnde Licht des Tages erzeugt und sie haben dem offensichtlich Rechnung getragen. Bei einigen Kirchen veränderten spätere Umbauten oder etwa die Anfügung eines Exonarthex die Lichtverhältnisse entscheidend (die Kirche von Gračanica ist dafür ein markantes Beispiel).

Der Besucher der Klöster, aus deren reichem Schatz von Wandbildern dieses Buch nur einen kleinen Ausschnitt bieten kann, möge einem Ratschlag folgen, der vielleicht schon aus seiner Erfahrung beim Besuch berühmter Museen berechtigt erscheint. Wer etwa die Uffizien in Florenz besichtigt, muß sich, will er alle Gemälde in gutem Licht auf sich wirken lassen, einen vollen Tag dort aufhalten. Dies gilt in gleichem Maß für die Klosterkirchen. Es lohnt sich, den Aufenthalt dort reichlich zu bemessen, um das Licht- und Farbenspiel im Tagesablauf zu verfolgen. Es belebt die Wandbilder, ihre Figuren beginnen sich zu bewegen und zu sprechen, in einer Sprache, die wir alle verstehen.

Lošinj
Pag
Dugi Otok
Vranska j.
Zrmanja
Una
Unac
Krka
Sana
BANJALUKA
Vrbas
Vrbanja
Pliva
Bosna
Spreča
Lašva
Miljacka
SARAJEVO
Jablaničko j.
Neretva
SPLIT
Šolta
Brač
Hvar
Vis
MOSTAR
Trebižat
Korčula
Pelješac
Lastovo
Mljet
Trebišnjica
Bilećko j.
DUBROVNIK
Boka Kotorska
A D R I A T I S C H E S M E E
I T A L I E N
Lago di Lezina
Lago di Varano
FOGGIA
BARI

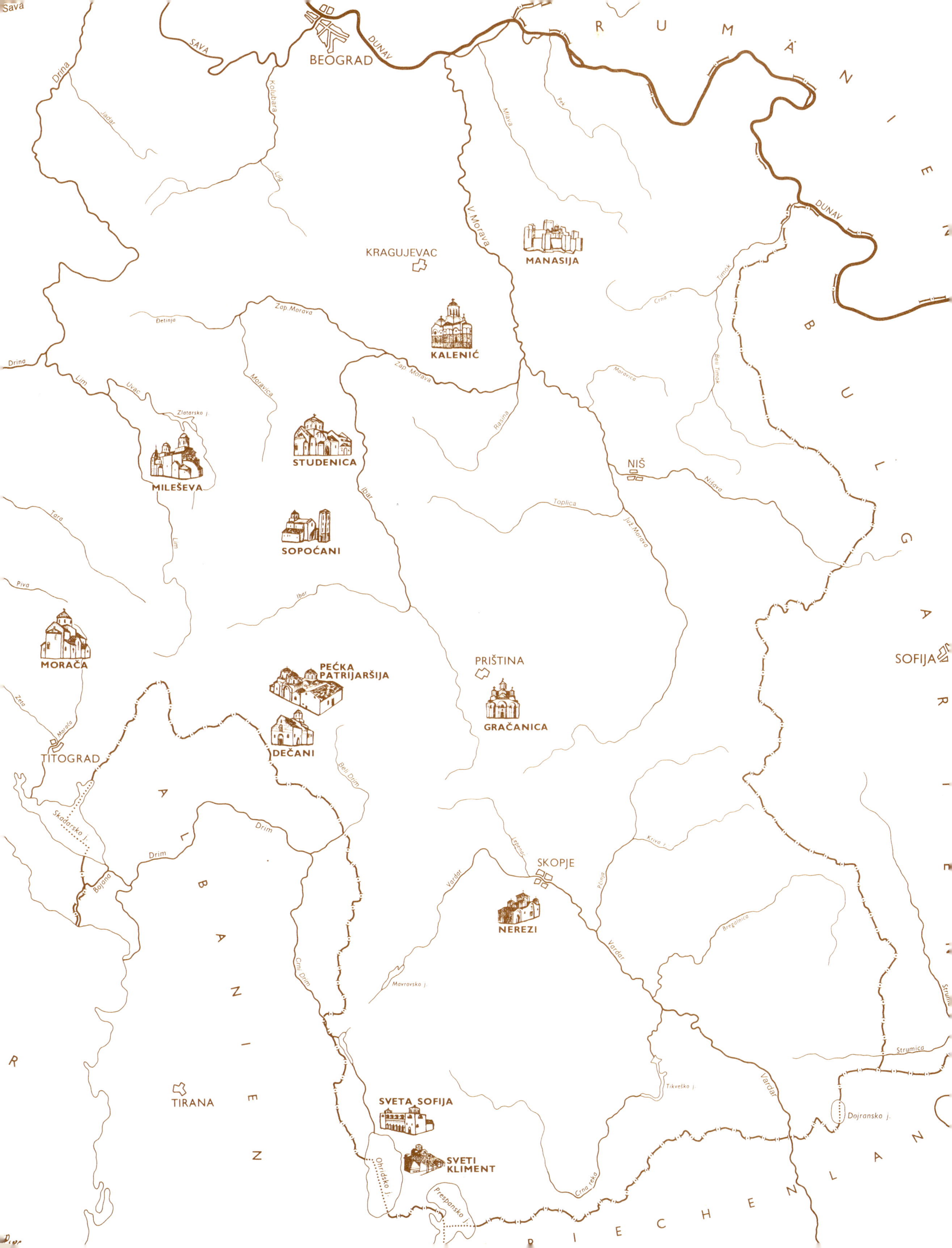

Sava
SAVA
BEOGRAD
DUNAV
RUMÄNIEN
Drina
Jadar
Kolubara
Ljig
Mlava
Pek
KRAGUJEVAC
V. Morava
MANASIJA
DUNAV
Timok
Crni T.
BULGARIEN
Zap. Morava
Đetinja
KALENIĆ
Drina
Lim
Uvac
Zlatarsko j.
Moravica
Rasina
Moravica
Beli Timok
STUDENICA
MILEŠEVA
NIŠ
Nišava
Ibar
Toplica
Tara
Juž. Morava
SOPOĆANI
Lim
Piva
Ibar
MORAČA
PRIŠTINA
SOFIJA
PEĆKA PATRIJARŠIJA
GRAČANICA
Zeta
Morača
DEČANI
TITOGRAD
Beli Drim
ALBANIEN
Skadarsko j.
Drim
Drim
Lepenac
SKOPJE
Kriva r.
Bojana
Vardar
Pčinja
NEREZI
Bregalnica
Vardar
Crni Drim
Mavrovsko j.
Struma
Strumica
Tikveško j.
Vardar
TIRANA
SVETA SOFIJA
Dojransko j.
SVETI KLIMENT
Ohridsko j.
Prespansko j.
Crna reka
GRIECHENLAND

Nerezi

Das Kloster Nerezi liegt im Dorf Gornji Nerezi, nahe Skopje, am Osthang des Vodno-Gebirges. Die Kirche würde 1164 von Prinz Alexios Angellos errichtet. Der in seinen Abmessungen relativ kleine Bau entspricht dem üblichen Architekturplan (fünf Kuppeln, eingeschriebenes Kreuz) und ist aus Ziegeln und Natursteinen erbaut. Die Fresken stammen aus der Zeit der Errichtung und sind größtenteils gut erhalten, da sie bis zu ihrer Entdeckung 1926 unter einer schützenden Übermalung aus späterer Zeit geborgen waren.

Die Kirche Sveta Sophia in Ohrid

Im Stadtgebiet von Ohrid gelegen, gehört die Sophienkirche zu den ältesten Denkmälern byzantinischer Architektur, die erhalten sind. Die dreischiffige Kirche wurde wahrscheinlich zur Zeit des Zaren Samuel im 10. Jahrh. errichtet. 1056 wurde eine umfassende Restaurierung abgeschlossen. Aus dieser Zeit stammen die ältesten Fresken, von denen aber nur etwa die Hälfte erhalten ist. Im 14. Jahrh. wurde ein großer Exonarthex mit zwei Kuppeln angebaut und mit Fresken geschmückt. Nach der Besetzung durch die Türken diente die Kirche als Moschee, die Wandbilder wurden übertüncht, weitere Umbauten vorgenommen. Erst Mitte unseres Jahrhunderts legte man die Fresken wieder frei und der ganze Baukörper wurde restauriert.

Die Kirche der Gottesmutter Peribleptos (Sveti Kliment), Ohrid

Die vom byzantinischen Feldherrn Progon Sguros und seiner Frau Eudokia (einer Tochter des byzantinischen Kaisers Andronikos Palaiologos) gestiftete Kirche wurde 1295 errichtet. Aus Stein und Ziegel gebaut, erfuhr sie durch vielerlei Um- und Anbauten (vor allem im 14. Jahrh.) eine weitgehende Veränderung ihrer ursprünglichen Architektur. Aus der Zeit der Errichtung stammen die von den Malern Michael und Eutychios (die später am Hofe des Königs Milutin arbeiteten) geschaffenen Fresken. Nach der Eroberung Ohrids durch die Türken wurden die Gebeine des heiligen Kliment aus der Panteleimonkirche in die Kirche der Gottesmutter Peribleptos überführt, so daß sich im Laufe der Zeit der Name „Sveti Kliment" einbürgerte. Heute beherbergt die Kirche die bedeutendste Sammlung makedonischer Ikonen.

Sopoćani

Das Kloster liegt etwa 15 km westlich von Novi Pazar, nahe der Quelle des Flusses Raška. Es ist eine Stiftung des Königs Uroš I. aus der Mitte des 13. Jahrhunderts, architektonisch im Stil der Raška-Schule erbaut. Exonarthex und Turm wurden wahrscheinlich zwischen 1331 und 1346 angefügt. Die Fresken entstanden zwischen 1264 und 1268. Die Kirche erlitt in der Türken-Periode schwere Schäden, erst 1929 wurde sie wieder mit einem Dach versehen. Viele der Fresken waren daher stark beschädigt oder wurden vollkommen zerstört.

Studenica

Das Kloster Studenica liegt am gleichnamigen Flüßchen, das bei Ušće (etwa 50 km südlich Kraljevo) in den Ibar mündet. Auf dem Klostergelände befinden sich drei Kirchen: die Muttergotteskirche, die Königskirche und das Nikolaus-Kirchlein.

Das Kloster wurde von Stefan Nemanja gegründet, der die Muttergotteskirche Ende des 12. Jahrhunderts als sein Mausoleum errichten ließ. Architektonisch ist sie das Urbild des Raška-Stils mit seiner Mischung aus byzantinischen und westlichen Architektur-Elementen. 1230 wurde ein großer Exonarthex angebaut, der das ursprüngliche Bild stark veränderte. Die Fresken entstanden 1209 und nur ein geringer Teil davon ist erhalten. Die Fresken in der Südkapelle wurden 1233-4 gemalt. Die Muttergotteskirche war, wegen ihrer Bedeutung als Nemanjas Mausoleum, das architektonische Vorbild vieler Kirchenbauten der folgenden Zeit.

Die Königskirche, eine Stiftung des Königs Milutin, wurde 1314 im serbo-byzantinischen Stil erbaut und von Michael und Eutychios ausgemalt.

Aus der ersten Hälfte des 13. Jahrhunderts stammt das in seiner Architektur anspruchslose Nikolaus-Kirchlein, das jedoch Fresken von hoher Qualität birgt.

Mileševa

Das Kloster liegt etwa 5 km von der Stadt Prijepolje entfernt am Fluß Mileševka. Die Himmelfahrtskirche, architektonisch der Raška-Schule zuzuordnen, wurde 1228 vollendet, aus welcher Zeit auch die ältesten Fresken datieren.

Stifter des Klosters war Vladislav, Sohn des Königs Stefan Prvovenćani (des Erstgekrönten), der Klosterbau fällt noch in die Zeit vor seiner Krönung. 1236, nach dem Tod des heiligen Sava, wurde ein Exonarthex mit zwei Seitenflügeln angefügt und ausgemalt. Dort sollte die letzte Ruhestätte Savas sein.

Im Gegensatz zur Architektur der Kirche, die durch mancherlei spätere Umbauten (nach Zerstörungen) sich weit vom ursprünglichen Entwurf entfernte, verblieben die Fresken trotz mancher Schäden ohne Änderungen durch Restaurierung oder Übermalung.

Morača

Das Kloster Morača wurde Mitte des 13. Jahrhunderts (1251/52) von Prinz Stefan, einem Sohn Vukans, am Ufer des Flusses Morača errichtet. Es liegt an der Durchgangsstraße Bjelopolje—Titograd, etwa 20 km südlich Kolašin. Die einschiffige Kirche im Raška-Stil, aus Tuffstein gebaut, wurde um 1260 mit Fresken ausgemalt. Nach der teilweisen Zerstörung während der Türkenperiode erfolgte um 1560 der Wiederaufbau und eine zweite Serie von Fresken entstand (1570). Um 1617 wurde schließlich die Prothesis neu bemalt. Morača birgt eine beträchtliche Zahl von vielerlei Kunstgegenständen, darunter wertvolle Ikonen.

Patriarchat Peć

Das Patriarchat Peć liegt nahe der Stadt Peć am Eingang der Rugovo-Schlucht. Im Klosterbezirk, in jüngster Zeit durch Wiederauf- und Neubauten modernisiert, befinden sich drei aneinandergebaute Kirchen. Die ältesten Fresken der im Raška-Stil 1240 erbauten Apostelkirche stammen aus dem 13. Jahrhundert, jedoch finden sich viele Wandbilder aus späteren Perioden.
Die 1321—1324 im serbo-byzantinischen Stil errichtete Demetriuskirche wurde etwa zwei Jahrzehnte nach ihrer Fertigstellung mit Fresken ausgemalt. 1330 schließlich entstanden die Hodegetriakirche und die kleine Nikolaus-Kapelle. Die ältesten Fresken stammen aus der Mitte des 14. Jahrhunderts. 1345 wurden die drei Kirchen durch einen großen, an drei Seiten offenen Exonarthex verbunden, und ein Turm wurde errichtet, der heute nicht mehr existiert. Da auch der Exonarthex durch Mauern geschlossen wurde, ist der alte Architekturplan für den Betrachter zunächst nicht mehr zu erkennen.

Gračanica

Das Kloster Gračanica liegt etwa 10 km südlich von Priština. Es wurde auf den Ruinen der alten Bischofs-Kathedrale von Ulpiana von König Milutin zwischen 1313 und 1321 errichtet und war die letzte seiner zahlreichen Stiftungen. Der architektonische Grundriß besteht aus zwei ineinandergestellten Kreuzen, das innere das äußere überragend. Die Zentralkuppel wird von vier kleinen Kuppeln flankiert. So entstand ein besonders harmonisches Gesamtbild. Es wird durch einen im 14. Jahrhundert angebauten Exonarthex beeinträchtigt, der vor allem den Lichteinfall auf der Westseite so reduziert, daß der innere Narthex stets im Halbdunkel liegt.

Die ältesten Fresken entstanden um 1321 und sind, trotz der Schäden, welche die Kirche in der türkischen Periode erlitt, gut erhalten. Wenig blieb dagegen von der Wandmalerei im Exonarthex. Die spätesten Fresken datieren aus der zweiten Hälfte des 16. Jahrhunderts.

Dečani

Dečani liegt 17 km von der Stadt Peć entfernt, im Tal der Dečanska Bistrica. Die Klosterkirche wurde 1335 vollendet, mit der Ausmalung sofort begonnen. Es dauerte jedoch wegen der enormen Größe des Baues fast 15 Jahre bis zur Fertigstellung. Die vierschiffige Basilika mit Kuppel, einem zweischiffigen Altarraum und zweischiffigen Narthex, größter Kirchenbau Serbiens, ist das eindrucksvollste Beispiel der Verschmelzung byzantinischer und westlicher Stilelemente. Das Vorbild der Muttergotteskirche von Studenica (vor allem was Fassade und plastischen Dekor anbelangt) ist offensichtlich.

Stifter des Klosters war König Stefan Uroš III. (Stefan Dečanski), der die Kirche als sein Mausoleum errichten ließ. Die Fertigstellung fällt aber bereits in die Regierungszeit seines Sohnes Dušan.

Da die Kirche von Dečani die Zeitläufte im großen und ganzen unbeschädigt überstand, sind die Fresken in hervorragendem Zustand.

Resava (Manasija)

Das Kloster liegt in der Nähe des Städtchens Despotovac am Ufer des Flusses Resava. Es wurde zwischen 1407 und 1418 vom Despoten Stefan Lazarević erbaut. Wie auch andere Klosterbauten in jener Zeit des steten Kampfes mit den Türken ist der Gesamtkomplex eine starke Festung mit Türmen und festen Mauern, von denen allerdings nur mehr ein kleiner Teil vorhanden ist. Die Klosterkirche gehört stilistisch zur Morava-Schule. Sie ist von allen Gebäuden am besten erhalten. Lediglich der Narthex stammt aus dem 18. Jahrhundert, weil der alte bei einer Pulver-Explosion zerstört wurde. Die Kirche wurde sogleich nach ihrer Fertigstellung ausgemalt. Ein beträchtlicher Teil der Fresken wurde zerstört oder stark beschädigt, vor allem in den unteren Zonen, die erhaltenen befinden sich in gutem Zustand.

Kalenić

Das Kloster Kalenić liegt am gleichnamigen Flüßchen, das bei Varvarin in die Südliche Morava mündet. Das Kloster wurde 1413—17 erbaut und mit Fresken ausgemalt. Diese sind ebenso wie die Architektur der Kirche typische Beispiele der Morava-Schule. Während der türkischen Eroberung Serbiens erlitt Kalenić große Schäden. Im 18. und 19. Jahrhunderte erfolgten Reparaturen der Kirche, die den Baukörper veränderten. 1928/29 wurde eine sorgfältige Restaurierung vorgenommen, welche die alte Architektur wiederherstellte, 1956/57 kam es zu einer Restaurierung der Fresken.

Literatur

Oto Bihalji-Merin, Fresken und Ikonen in Serbien und Makedonien, München 1958
D. Bogdanović, V. Djurić, D. Medaković, Hilandar, Beograd 1978
Dimitar Čornakov, Die Fresken in der Kirche des hl. Klemens zu Ohrid, Beograd 1961
Aleksandar Deroko, Monumental architecture in medieval Serbia, Beograd 1958
Vojislav Djurić, Resava, Beograd 1963
Vojislav Djurić, Die Kirche der hl. Sophia in Ohrid, Beograd 1963
Vojislav Djurić, Sopoćani, Beograd 1963
Svetozar Radojčić, Mileševa, Beograd 1963
Vojislav Djurić, Byzantinische Fresken in Jugoslawien, Beograd 1974
André Grabar, Die mittelalterliche Kunst Osteuropas, Baden-Baden 1964
André Grabar, Byzanz, Baden-Baden 1964
Constantin Jirićek, Geschichte der Serben, Gotha 1911
Constantin Jirićek, Staat und Gesellschaft im mittelalterlichen Serbien, Wien 1912
Pavle Mijović, Dečani, Beograd 1963
Gabriel Millet, L'ancien art serbe, Paris, 1919
Petar Miljković-Pepek, Nerezi, Beograd 1966
Milorad Panić-Surep, Cultural monuments of Serbia, Beograd, 1965
Roger Portal, Die Slawen, München 1971
Svetozar Radojčić, Werdendes Europa im frühen und hohen Mittelalter (in „Kunst und Geschichte in Südosteuropa") Recklinghausen 1973
Mila Rajković, Sopoćani, Beograd 1963
Mila Rajković, Die Königskirche in Studenica, Beograd 1964
Svetozar Radojčić, Staro srpsko slikarstvo, Beograd 1966
Steven Runciman, Geschichte der Kreuzzüge, München 1957
Gojko Subotić, Die Demetriuskirche in Peć, Beograd 1964
Živorad Stojković, Mileševa, Beograd 1963
David Talbot Rice, Byzantine Painting, London 1968
David Talbot Rice/Max Hirmer, Kunst aus Byzanz, München 1959
Serbien („Jugoslavija"), Beograd 1958
Makedonien („Jugoslavija"), Beograd 1958
Gesetzbuch des Zaren Dušan (Athos-Manuskript und Bistrica-Fassung)

Register

Verzeichnis der Farbtafeln

Morača

Sopoćani

Patriarchat Peć

Dečani

Gračanica

Resava (Manasija)

Kalenić

Zur Aussprache serbischer Namen

c = z oder tz (Zimmer, Hitze)
č = tsch (Peitsche)
ć = zwischen c und č
h = ch (Acht)
s = scharfes s (heiß)
š = sch (scharf)
z = stimmhaftes s (Rose)
ž = weiches sch (wie franz. „jour“)

Inhaltsverzeichnis